윤석열 시대
부동산 투자
사용설명서

사야 할지 팔아야 할지, 집 걱정을 덜어주는

윤석열 시대
부동산 투자
사용
설명서

우용표 지음

MONOBOOKS

정권에 따라 요동치는 부동산 시장

2022년 5월 10일, 여의도 국회의사당 앞마당에서 열린 제20대 대통령 취임식을 통해 윤석열 대통령은 본격적으로 업무를 시작했다. 앞으로 5년간, 그러니까 2027년 5월 9일까지 대한민국은 윤석열 정부가 이끌어가게 된다.

문재인 정권에 대한 실망이 컸던 국민들은 정권교체를 강하게 요구했고, 그로 인해 보수 정당인 국민의 힘의 후보로 나선 윤석열이 대통령으로 당선되었다. 윤석열 대통령은 후보 시절 문재인 정부의 경제 정책을 강하게 비판하며, 자신이 대통령이 되면 대대적인 개혁을 하겠다고 공언했다. 그중에서도 문재인 정부의 가장 큰 실책으로 손꼽히는 부동산 정책에 대해서는 하나부터 열까지 완전히 뜯어고치겠다며 다양한 공약을 내놓았다. 그 때문에 전문가들을 비롯한 많은 사람들이 앞으로 부동산 시장이 대대적인 변화를 겪게 될 것이라고 예상하며, 윤석열 정부가 내놓을 부동산 정책이 부동산 시장에 어떤 영향을 미칠지 촉각을 곤두세우고 있다. 독자들도 '윤석열 정부가 부동산 시장에 어떤 변화를 불러올 것인가?', '부동산 가격이 오르는 곳은 어디고 내리는 곳은 어디일까?', '집을 사야 하나 팔아야 하나?' 이와 같은 궁금증을 해소하기 위해 이 책을 선택했을 것이다.

원칙적으로는 대통령이 누가 되든 집값은 영향을 받지 않아야 한다. 정치의 영역은 시장경제의 영역과 별개이기 때문이다. 그러나 진보와 보수 양 진영이 극명하게 대립하는 우리나라의 정치 현실에서 진영이 다른 세력이 정권을 잡았을 때는 전 정부의 정책, 특히 경제 정책의 방향이 크게 변화를 겪는 경우가 대부분이다. 부동산 정책만 보더라도 진보정권과 보수정권이 완전히 다른 방향으로 정책을 펼쳐서 부동산 가격이 요동을 쳤던 것이 사실이다.

2022년 6월 현재, 부동산 가격에 영향을 미치는 여러 요인이 상당한 변화를 겪고 있다. 세계 경제를 보면 과거와 같은 저금리 기조가 사라지고 인플레이션을 막기 위해 경쟁적으로 기준 금리를 인상하고 있다. 국내경제를 보면 환율 약세와 원자재 수급 불안정으로 코스피 지수가 연일 하락 중이다. 이와 같은 상황에서 윤석열 정부는 어떤 부동산 정책을 추진할 것인가? 이러한 질문에 대한 답을 얻으려면 현 경제 상황에 대한 이해와 함께 윤석열 정부의 경제철학과 대통령 후보 시절 발표한 공약에 이르기까지 다양한 내용을 살펴봐야 한다.

고금리, 고물가에 처한 윤석열 정부

잘 알려진 바와 같이 주가지수는 향후 3~6개월의 실물경제를 예측해보는 지표로 사용되고 있다. 불과 1년 전인 2021년 7월에 3,300포인트까지 근접했던 코스피가 2022년 6월 30일에는 2,332포인트로, 거의 1,000포인트 가까이 하락했다. 비율로 따져보면 3분의 1이 공중으로 증발한 셈이다. 주가지수만 보더라도 대한민국 경제는 분명하게 불황의 골짜기로 들어서는 모양새를 보이고 있다.

불황을 이겨내기 위해 정부가 선택할 수 있는 가장 효과적인 수단은 금리를 내림으로써 돈이 여기저기 흘러 들어가게 하는 것이다. 그런데 문제는 윤석열 정부가 현재 처한 상황이 금리를 낮출 수 없다는 것이다. 원유 등 원자재 가격의 상승으로 인플레이션에 대한 압박이 강해지고 있어서 금리를 낮추기는커녕 오히려 금리를 계속 올려야 하는 상황이다.

세계 경제를 움직이는 미국은 이미 기준 금리를 지속적으로 올려서 물가를 잡겠다고 발표한 상태다. 이렇게 미국의 기준 금리가 올라가게 되면 우리나라는 원하지 않아도 기준 금리를 계속 올려야 한다. 경제전문가들은 벌써 제2의 IMF가 될지도 모른다는 경고를 하고 있다.

그렇다면 부동산 시장은 어떨까. 부동산 시장 역시 문재인 정부 시절 끝을 모르고 오르던 부동산 가격이 2021년 말을 기점으로 거래 물량이 줄어들면서 상승세를 멈췄다. 대통령 선거를 앞두고 관망하자는 심리와 가격이 너무 많이 올랐다는 불안함이 함께 작용한 탓이다. 그리고 2022년 6월 현재, 부동산 시장은 전국적으로 매물이 쌓이면서 본격적인 하락세로 접어들었다. 언론에서는 서울 강남 아파트 가격이 내려가기 시작했고, 신도시들과 지방 아파트들은 2억 원, 3억 원씩 가격을 낮춰 내놔도 거래가 이루어지지 않는다는 뉴스를 연일 쏟아내고 있다.

규제가 아닌 완화를 통한 시장 안정화

윤석열 대통령은 '공정'과 '상식'이라는 두 가지 핵심 키워드를 강조했고, 이것이 당선의 결정적 요인이 되기도 했다. 이전 정부가 보여줬던 일명 내로남불의 모습들과 실책으로 평가받는 부동산 정책의 반복으로 국민들은 '정권연장'이 아닌 '정권교체'를 선택했다.

윤석열 정부는 부동산 시장에 대해 시장경제 원리를 도입하고자 한다. 전 정부처럼 강력한 규제를 통해 인위적으로 부동산 가격을 안정화하려고 하지 않을 것이다. 그 대신 주택공급을 확대하고, 착한 임대인들과 다주택자들에게 세금 혜택을 제공함으로써 시장이 자발적으로 안정화될 수 있도록 유도하겠다는 계획을 가지고 있다. 이전 정부가 다주택자들을 투기꾼으로 판단하여 각종 규제를 가했던 것과 정반대의 접근인 셈이다. 경제적인 햇볕정책이라 볼 수 있다.

이를 증명이라도 하듯, 윤석열 정부는 취임 2개월도 지나지 않은 2022년 6월 21일 첫 번째 종합 부동산 정책을 발표했다. 일명 '6.21 부동산 대책'이라고도 하는데, 핵심은 크게 두 가지다. 상생임대인 주택의 요건 완화 등 임대차 3법의 개선과 생애 최초 주택 구입에 대해 담보 비율 요건을 80%까지 완화하여 인정해주겠다는 것이다. 규제가 아닌 완화를 통해 부동산 가격을 잡겠다는 정부 정책의 기본 방향을 엿볼 수 있다.

이렇듯 윤석열 정부의 부동산 정책 방향은 규제를 완화하는 방식으로 이루어질 것이고, 그 방향에 맞는 정책들을 계속해서 발표할 것이다. 만약 당신이 윤석열 정부 5년 동안 부동산 투자로 돈을 벌고 싶거나, 내집 마련을 계획하고 있다면, 가장 먼저 해야 할 일은 정부의 전체적인 경제 정책 기조와 부동산 정책에 대한 이해도를 높이는 것이다. 그러면 앞으로 어떤 정책이 나올지도 어느 정도 예상할 수 있게 되고, 그것을 바탕으로 시장의 흐름을 읽을 수 있는 눈도 갖게 된다.

뛰어난 축구선수는 공을 쫓아가기보다는 공이 올 곳에 미리 가 있어서 찬스를 만들어 낸다. 정부의 부동산 정책도 마찬가지다. 공이 올 곳, 즉 정책의 기본 방향이 어떤지를 미리 알고 있으면 부를 거머쥘 기회를 얻을 수 있다.

앞으로 5년, 부동산 시장의 흐름을 읽어 준다

이 책 《윤석열 시대 부동산 투자 사용설명서》는 시중의 많은 부동산 관련 서적처럼 '어느 곳에 아파트를 사면 대박 난다', '어디가 교통 호재가 있으니 반드시 오를 지역이다'라는 식의 접근을 하지 않는다. 대신 윤석열 정부의 경제철학에서부터 부동산 관련 공약과 정책, 문재인 정부의 부동산 정책 실패 원인, 부동산 시장에 영향을 미치는 다양한 요소들까지 꼼꼼히 살피고 분석하고 있다. 그리고 그 분석을 바탕으로 윤석열 정부가 내놓을 부동산 정책을 예상하고 전체적인 부동산 시장의 흐름을 예측하고 있다. 물론 그에 따른 부동산 투자 전략은 무엇인지에 대해서도 상세히 다루고 있다. 단편적이고 불확실한 정보가 아닌 긴 안목에서 부동산 시장을 내다볼 수 있는 혜안을 가지고 싶다면 이 책은 많은 도움이 될 것이다.

마지막으로 이 책을 통해 모든 독자가 반드시 내 집 마련의 꿈이 실현되고, 부동산 투자를 통해 새로운 부의 기회를 잡을 수 있기를 기원한다.

우용표

차례

Chapter 8 어디가 오르고, 어디가 떨어질 것인가

Chapter 9 부동산 잔치는 끝났다

Chapter 1

앞으로 5년, 부동산 투자는
윤석열을 알아야 한다

중고차 같은 윤석열

2022년 3월 9일, 대통령 선거를 통해 윤석열 후보가 대통령으로 당선되었다. 진보와 보수의 첨예한 대립 속에 득표율 0.73%라는 초박빙의 승부였다. 정치에 뛰어든 지 채 1년도 안 된 윤석열이라는 정치 신인이 대통령이 되는 초유의 일이 벌어졌다. 그만큼 국민들의 정권교체 열망이 컸다고 봐야 할 것이다.

그런데 필자는 선거기간에 불쑥 이런 생각이 들었다. '윤석열은 중고차 같고 이재명은 신차 같다.' 혹시 비유가 바뀐 건 아니냐고 의문을 제기하는 사람도 있을 수 있다. 이미 정치를 오래 해왔고 대권을 준비했던 이재명이 중고차 같고, 정치와 아무 연관 없이 한평생 검사로 지내다 검찰총장을 그만두고 8개월 만에 급하게 대권 도전 선언을 했던 윤석열이 신차 같아야 하는 게 당연한 일일지도 모른다. 필자가 그렇게 생각한 데는 나름대로 이유가 있다.

　신차는 말 그대로 고장 걱정 없이 기름만 넣으면 바로 운행이 가능하다. 비닐을 뜯을 때 느껴지는 그 냄새도 왠지 기분을 좋게 한다. 이에 비해 중고차는 신차가 주는 새로운 설렘 같은 것은 없다. 오히려 불안함이 있다. 어디를 정비해야 할지, 전 차주 설명처럼 멀쩡한 차인지 아니면 미처 발견하지 못한 고장이 있지는 않는지 불안하다.

　그런데 아이러니하게도 이재명은 신차 같다는 느낌이었다. 기름만 넣으면 고장 없이 잘 굴러가는 신차처럼 당선만 되면 바로 국정운영이 가능할 것 같았기 때문이다. 말은 정치교체를 외쳤지만 같은 민주당 정권인 문재인 대통령이 만들어놓은 시스템에 이재명 본인의 철학과 기교를 더하여 대한민국을 이끌어 나가면 되니 말이다. 신차가 도로를 질주하듯 아마도 여러 정책들을 쏟아냈을 것이다. 특히 문재인 정권의 가장 큰 약점인 부동산 대책들도 지체없이 발표했을 것이다.

정치 초단을 대통령으로 뽑은 대한민국

　그에 비해 윤석열 대통령은 이상하게 중고차의 느낌을 준다. 본인은 신차이고 싶겠지만, 지지 기반인 보수와 국민의 힘의 이미지, 그리고 출신인 검찰이 가지고 있는 경직성 때문인지 새로움이 별로 없다.

　윤석열 대통령이 당선되기는 했지만, 정치 경험이 없는 대통령이 바로 대한민국이라는 거대한 자동차를 잘 운전할 수 있을지 의문이 든다. 특히 문재인이라는 이전 주인이 어디에 어떤 결함을 숨기고 있을지 모를 일이기 때문이다. 어디에 문제가 있는지 찾는 데만도 한참이 걸릴 수 있고, 지금은 문제없이 보이지만 나중에 문제가 생길 수도 있다.

실제로 대통령 인수위에서 발표한 내용들을 보면 이전 정권에서 있었던 문제점과 비어있는 나라 곳간을 걱정하는 내용들이 주를 이루었다. 그렇다고 전 주인만을 탓할 수도 없다. 선거에 나왔을 때는 이전 정부의 문제점을 해결해 보겠다는 의지가 있었을 테니 말이다. 실제로 문재인 정부의 실책 때문에 정권을 잡을 수 있었던 것도 사실이지 않는가.

대한민국의 국민은 새로워 보이지 않고 조금은 불안해 보이는 중고차 같은 윤석열을 대통령으로 선택했다. 그런데 선택은 했지만 불안한 것은 사실이다. 윤석열이라는 사람에 대한 정보가 많지 않기 때문이다. 정치를 해본 적도 행정부에서 정책을 실행해 본 적도 없다. 어떻게 대한민국을 이끌어 나갈지 예상이 되지 않는다.

앞으로 대한민국의 모든 일은 윤석열 정권의 책임이 된다. 전 정권의 실책으로 인해 발생하는 문제도 이제는 남탓으로만 돌릴 수 없는 상황이 되었다는 뜻이다. 경제 상황은 저성장과 고물가라는 이중고를 겪게 될 것이고, 정치 상황은 당분간 여소야대의 수적 열세로 인해 원하는 대로 일처리가 쉽지 않을 것이다.

윤석열 정부는 과연 어떤 성능을 보여 줄까? 부동산 문제만 보더라도 윤 대통령은 후보 시절 부동산 공급과 규제 완화를 공약했지만, 그 공약대로 주택공급을 화끈하게 하고 부동산 가격을 안정시킬 수 있을지는 알 수 없다. 부동산 가격 안정화에 실패한다면 '누가 대통령이 되어도 집값은 잡을 수 없다'라는 인식이 대한민국에 완전히 고정될 것이다.

윤석열 정부가 국가 운영을 잘할지 못할지 아직은 아무도 모른다. 이런 상황에서 대한민국의 부동산 흐름이 어떻게 흘러갈지 예측하는 것은 결코 쉽지 않다. 그런데도 필자는 윤석열 대통령의 공약과 경제철학, 그리고 아직은 부족하지만 발표된 정책의 분석을 통해 향후 5년 우리나라 부동산 시장이 어떤 흐름을 보일지 예측해보고자 한다. 또, 그것을 바탕으로 내 집 마련을 위한 부동산 투자 전략은 어떻게 짜야 하는지에 대해서도 자세히 살펴볼 생각이다.

마음의 빛이 없는 대통령

윤석열 대통령은 정치 신인이다. 정치를 하겠다고 선언하고 불과 8개월여만에 대통령이 되었으니 그야말로 초고속으로 당선된 셈이다. 정치인의 화법을 제대로 배워볼 기회도 없었고 소속 정당에서 입지를 단단히 확보할 시간도 없었다. 국정운영을 하면서 정치를 배워 나가야 하는 상황이다.

'공정'과 '상식'

윤석열 대통령은 후보 시절, 말 한마디 꺼낼 때마다 실언 논란을 겪었다. "주 120시간까지 일할 수 있어야 한다"는 말은 "그럼 죽을 때까지 일만 하다 죽으란 말이냐"라는 비아냥을 들어야 했다. "전두환 전 대통령이 군사 쿠테타와 5.18만 빼면 정치는 잘했다"고 했던 말은 "살인자도 살인한 거 빼면 좋은 사람이다"라는 비판에 휩싸였다. 또, "배운 게 없는 사람은 자유가 뭔지도 모른다"는 발언에는 "저소득, 저학력 계층을 비하하는 망언이다"라는 비판이 쏟아지기도 했다.

실언 논란뿐 아니다. 이야기할 때 고개를 좌우로 돌리는 도리도리, 앉을 때 다리를 벌리고 앉는 쩍벌 자세 등. 윤석열 대통령은 말 한마디 행동 하나가 비난과 비아냥의 대상이 되곤 했다. 정치인의 화법을 제대로 모르기에 어쩌면 솔직하게 거르지 않고 했던 말과 행동이 조롱과 비난의 대상이 되었는지도 모르겠다. 그런데도 대통령이 될 수 있었던 것은 그가 주장했던 '공정'과 '상식', 이 두 개의 키워드가 국민의 마음을 움직였기 때문이다. 그리고 정치를 해보지 않은 윤석열이란 사람의 신선함이 기존의 정치인들과는 무언가 다를 거라는 기대감으로 치환되어 국민들에게 선택받을 수 있지 않았나 싶다.

정치인 답지 않다는 장점

윤석열 대통령의 최대 장점이자 단점은 바로 정치계의 '관례'를 모른다는 점이다. 인맥도 없고 경험도 없다. 대통령 인수위의 구성원들과 장관들을 보라. 한동훈 법무부 장관을 제외하면, 나머지 장관들은 정치적으로 동고동락하며 지낸 사람들이 아니다. 함께 일하면서 미리 점찍어둔 것도 아니다. 능력 위주로 장관이나 주요 인사를 지명한 것을 보면, 역설적으로 윤석열은 인맥이 좁다는 점을 발견할 수 있다.

윤석열 대통령은 인연을 맺고 있는 사람들이 많지 않다. 함께 고생하고 당선에 기여한 공로를 인정해서 챙겨줘야 할 사람도 많지 않다. 다시 말해, 정치적 빚이 있거나 마음의 빚을 진 사람이 많지 않다는 뜻이다. 굳이 챙겨주어야 한다면 대선캠프 시절 자신을 도운 정치인들인데, 캠프 인원도 많지 않았다. 대통령이 임명할 수 있는 자리가 10만 개쯤 된다고 한다. 아마도 그 자리에 임명되는 대부분의 사람들은 윤석열 대통령을 직접 만나본 적도 없는 사람들이지 않을까 싶다.

초대 총리와 내각을 보면 과거 검사 시절 자신과 함께 일한 인연을 가지고 있는 검사 출신 인사를 요직에 배치하긴 했지만 대부분 처음 본 사람들을 임명했다. 최소한 아직은 과거 정권에 비해 어떤 라인의 특정인을 챙겨주거나 누구에게 빚이 있으니 보답하는 차원에서 인사를 단행하는 일은 상대적으로 적은 것은 분명하다.

아무것도 모르는 사람이 집단이나 조직에 새로 들어가게 되면 조직이 보여주는 모습들에 의문을 가지게 된다. '왜 저렇게 할까?', '아무리 관례라고는 하지만 저것은 불합리한 모습이다'와 같은 생각을 하게 된다. 윤석열 대통령은 여의도로 대표되는 기존 정치의 모습과 어울리지 않는다. 긍정인 듯 부정인 듯 정확하게 파악할 수 없도록 모호하게 말해야 하고, 주목받기 위해 낮에 카메라가 돌아갈 때는 싸우다가 밤엔 무슨 일 있었냐는 식으로 서로 술잔을 기울이는 것이 정치인들의 말과 행동인데, 윤석열 대통령은 그렇지 않다. 오히려 이 점이 그에게 사람들이 기대하게 만드는 장점으로 작용한다. 필요한 정책을 망설임 없이 수립하고 추진할 수 있으리라는 기대. 윤석열이란 사람에게 한 표를 행사한 지지자들이 바라는 모습일 것이다.

일명 '도어스테핑Door stepping'이라 하여, 출근길에 기자들과 자유롭게 질의와 문답을 하며 대통령이 직접 현안에 대해 답을 하는 모습을 보여주고 있다. 이전의 대통령들과는 다른 모습이다. 여의도에서는 여의도와 인연이 없는 대통령이 잘할까봐 걱정이라는 말도 나온다. 기존의 권력자들과 다른 모습들은 윤 대통령이 기존의 관례에 얽매이지 않기에 가능했을지도 모르겠다. 누구의 눈치를 보고, 빚을 갚아주어야 할 일이 없기에 국정 운영은 윤 대통령의 소신대로 이끌어 나가리라 예상해 볼 수 있다.

공부가 필요해진 부동산 투자

2021년 말까지 부동산 시장은 '이 집을 사면 오를까', 아니면 '혹시 값이 떨어져서 손해를 보게 되는 것은 아닐까' 이런 걱정을 할 필요가 없었다. 집은 사두면 무조건 가격이 오르는것이었기 때문이다. 특히 아파트는 대지 지분이 어떻고, 세대수가 어떻고 하는 기본적인 것조차 체크할 필요가 없었다. 그냥 사면 되는 것이었다.

안개 속으로 들어간 부동산 시장

2020년 말 강원도 어느 도서관에서 도서관 직원들과 인근 주민들을 대상으로 재테크 강의를 한 적이 있다. 강의 중간 쉬는 시간에 수강생들은 "주식투자를 해서 몇 퍼센트의 수익을 봤다", "아파트를 얼마에 샀는데 얼마까지 올랐다"라는 자랑으로 이야기꽃을 피웠다. 그리고 마지막 질문 시간에는 "애플이나 구글 같은 남들 다 아는 거 말고 뭔가 좀 더 화끈한 주식은 없냐"며 종목 추천을 해달라고 했다. 이맘때쯤은 전 국민이 반쯤은 투자 전문가였을 때니 이상한 광경은 아니었다. 그런데 필자는 그 모습을 보면서 '주식시장이 조금씩 끝물에 다가오고 있구나'라는 생각을 했다.

20년 가까이 재테크 전문가로 활동하고 있는 내 경험상 "어떤 종목을 사야 해요?"라는 질문이 많아지면 조만간 주식 가격의 하락이 시작된다는 것과, "손해 본 주식(펀드)을 계속 가지고 있어야 하나요?"라는 질문 비율이 높아지면 이제 하락세가 멈추고 다시 상승한다는 신호임을 직감하게 된다.

주식시장에는 암묵적인 하락 신호가 있다. 주식투자를 전혀 하지 않을 것 같은 사람들이 주식투자에 뛰어들게 되면 얼마 지나지 않아 주가가 폭락한다는 것이다. 이것은 나름대로 근거가 있다. 일명 큰손들은 언제나 일반인들보다 빠르게 움직인다. 정보나 경험이 없는 개미들이 주식투자를 시작한다는 것은 이미 주가가 상당히 올랐다는 것을 의미한다. 거기에 개미들의 돈이 대량으로 유입되면서 주가가 더욱 상승하게 되고 큰손들은 그때를 놓치지 않고 주식을 대량으로 팔아치워 이익을 보고 시장에서 빠져나온다. 그러면 주가는 폭락하게 되고 개미들은 결국 손해만 보게 되는 것이다.

부동산 시장도 마찬가지다. 문재인 정부 시절, 끝을 모르고 오르던 부동산 가격은 2021년 말을 기점으로 거래 물량이 줄어들면서 상승세가 멈추기 시작했다. 문재인 정권에서 내놓은 부동산 정책이 효과를 본 것도 있겠지만, 너무 올랐다는 불안함과 대통령 선거를 앞두고 부동산 시장이 어떤 방향으로 흐를지 관망하는 심리가 작용한 것도 있을 것이다.

이런 상황이 계속되다가 정권이 바뀌자 재건축 지역을 중심으로 기대 심리가 반영되어 잠깐 오르기도 했지만 2022년 6월 현재는 매물이 쌓이고 있다. 청라와 동탄의 아파트 가격이 5억 원씩 떨어졌고, 심지어 강남도 하락세로 돌아섰다는 뉴스가 나온다. 이제 무조건 부동산을 사기만 하면 가격이 오르는 시기가 끝나가는 것이다. 지역에 따라 부동산 가격이 하락하는 곳이 속출할 것이고 잘못하면 전세 가격 이하로 매매 가격이 내려가는 지역도 생겨날 것이다.

부동산 투자는 윤석열 공부부터

이렇게 시장이 불안하고 어디로 흐를지 애매할 때일수록 부동산 공부가 필요하다. 특히 이제 막 정권을 교체한 윤석열 정부의 부동산 정책을 공부해서 어떤 수혜지역이 있을지, 세금이나 규제는 어떻게 될지 미리 공부해둘 필요가 있다. 이전처럼 정부가 부동산 대책을 발표하면 발표 내용과 상관없이 부동산 시장이 폭등하는 시기가 아니기 때문이다.

윤석열 정부는 공급을 늘리고 규제를 완화하겠다고 한다. 이에 따라 상승할 지역과 하락할 지역이 구분된다. 예를 들어 수도권에 인접한 김포, 동두천 지역은 아파트 가격이 올라갈 호재가 전혀 없음에도 가격이 급등했다. '비규제지역'이라는 이유 때문이었다. 그런데 2022년 4월부터

이곳은 급등 전의 시세로 다시 돌아갔다. 이유는 개발 호재가 없어서다. 개발 호재는 급등 전에도 없었고 급등 후에도 없었다. 규제가 완화되면 굳이 비규제지역을 찾을 필요가 없다. 이것이 이 지역이 급등 전 시세로 돌아간 이유다.

윤석열 정부는 1기 신도시(성남시 분당, 고양시 일산, 부천시 중동, 안양시 평촌, 군포시 산본 등 5개 도시)에 대해 규제를 풀고 리모델링과 재건축 사업을 권장한다는 의지를 강하게 가지고 있다. 문재인 정부 때는 재건축, 재개발 정책이 규제에 초점이 맞춰져 있었기 때문에 윤석열 정부의 이러한 규제 완화 의지는 시장에 긍정적인 시그널을 보내, 윤석열 대통령이 당선된 이후로 1기 신도시의 부동산 가격을 상승시키는 요인이 되었다. 이처럼 그 정부가 어떤 경제철학을 가지고 어떠한 정책을 펼치는가는 부동산 가격을 결정하는 아주 중요한 요소이다. 그러므로 문재인 정부의 부동산 정책이 완전히 실패했고, 그것을 바로잡겠다고 선언한 윤석열 정부의 경제철학과 공약, 그리고 정책을 살펴보는 일은 부동산 투자에 있어 매우 중요하다.

주식시장이 하락세를 이어간다 해도 어떤 주식은 가격이 오른다. 마찬가지로 부동산 가격이 하락하고 있어도 가격이 꾸준히 상승할 지역은 반드시 있다. 지금까지는 어느 지역이든 어떤 물건이든 사면 어김없이 올랐기 때문에 고민하거나 공부할 필요가 없었다. 전문가의 예측도 '오른다'에 배팅하면 가격 폭의 차이가 있을 뿐이지 거의 들어맞을 수밖에 없었다. 고민할 것이 있었다면 오로지 '지금 내 자금 사정에 맞는 매물이 있는가' 이것 하나였다. 그러나 앞으로는 상황이 완전히 변할 것이다. 정책에 따라 오를 지역, 내릴 지역이 갈릴 것이고, 정책과 상관없이 오르는 지역도 있을 것이다.

축구 경기에서 뛰어난 선수는 공을 따라가는 것이 아니라 공이 올 곳에 미리 가있는다고 한다. 부동산도 마찬가지다. 막연하게 부동산을 사놓고 오르기를 기다리는 것보다, 시장을 읽고 오를만한 부동산을 사는 것이 훨씬 더 현명하다. 또는 내릴 것 같은 부동산을 미리 처분해서 발생할 수 있는 손실을 방지하는 것도 뛰어난 투자 방법이다.

2022년 6월 말, 경제 뉴스에서는 서울 강북구의 모 신규 분양 아파트가 미분양 물량에 대해 15%가량 가격을 낮춰서 분양한다는 소식을 전했다. 서울이라 해도 무조건 오르는 것은 아니라는 점을 반증하는 뉴스다. 이렇듯 부동산 시장이 어디로 흐를지 모를 지금 이 시점이 부동산 공부가 필요한 시기이다.

집값을 올린 진보, 집값을 내린 보수

정부는 부동산 가격이 급격히 오르거나 내려가는 상황을 원하지 않는다. 집값이 너무 올라가면 주거 불안정으로 인해 서민들의 불만이 쌓이고, 반대로 너무 내려가면 경제 상황이 나빠지기 때문이다. 역대 모든 정부는 부동산 가격 안정을 통해 주거를 안정시키고자 지속적으로 노력했다. 다만, 결과가 좋지 않았을 뿐이다. 돌이켜보면 집값을 내리려 했던 진보정권에서는 집값이 올랐고, 집값을 올리려고 했던 보수정권에서는 집값이 내렸다는 아이러니한 일이 발생했다.

정권별 부동산 가격 변화

서울의 25평형 아파트 1월 시세를 기준으로 역대 정부의 아파트값 시

[1-1] 정권별 서울 아파트값 시세 변화

(단위 : 억 원)

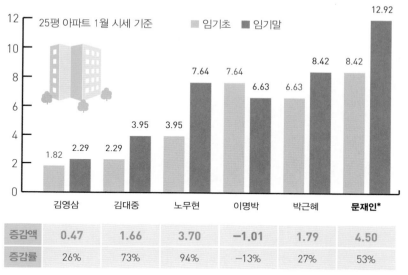

증감액	0.47	1.66	3.70	−1.01	1.79	4.50
증감률	26%	73%	94%	−13%	27%	53%

* 2017년 5월~2020년 5월

출처: 경제정의실천시민연합

세 변화를 살펴보도록 하자([1-1] 그래프 참조). 김영삼, 김대중 대통령 시절의 아파트 가격은 IMF와 극복이라는 특수한 상황이었기 때문에 논외로 한다. 단순히 비율만 놓고 보면 노무현 정부는 임기 초 대비 94% 상승, 이명박 정부는 13% 하락, 박근혜 정부는 27% 상승, 문재인 정부는 53%의 상승을 기록했다. 보수정권인 이명박, 박근혜 정부 시절에는 상승 폭이 마이너스이거나 30%를 넘지 않았던 것에 비해 진보정권인 노무현, 문재인 정부 때엔 94%, 53%의 놀라운 상승 폭을 보였다.

수요 억제로 집값을 잡으려 한 진보정권

문재인 정부의 김수현 청와대 사회수석은 '자기 집이 있으면 보수적, 없으면 진보적인 투표 성향을 보인다'라고 자신의 책《부동산은 끝났다》에서 말했다. 진보정권 입장에서는 '자기 집 있고, 등 따뜻하고, 배부르면 보수성향을 가진다'라고 생각하는 게 아닌가 싶다. 그런 논리라면 계속 진보진영에 투표하게 만들기 위해서는 집을 가지지 못하게 하고, 배도 고파서 분노해야 하는 것일까. 물론 그래서 집값을 그렇게 올려놓은 것은 아니겠지만…….

서울시 개발 정책은 이러한 경향을 뚜렷하게 나타낸다. 전임 고 박원순 시장은 서울시의 개발을 온몸으로 막았다. 재건축, 재개발 요건을 아주 엄격하게 적용하거나, 기존 뉴타운으로 지정되어 있던 곳을 지구 지정 취소함으로써 사업 진행이 안 되도록 했다. 서울에서 노후하고 낙후된 지역에 개발이 진행되면 진보에 투표하던 세입자들은 밀려나고 그 자리를 보수에 투표하는 집주인들이 차지하지 않을까 하는 생각이었을 것이다. 진보진영에서는 새로 지은 '중산층용' 아파트는 표 떨어지는 아파트이기 때문에 굳이 재건축, 재개발을 진행해서 표를 잃을 필요 없었던 것이다.

이렇게 개발을 막으니 주택공급은 부족하고, 주택공급이 부족하니 가격이 더 오르는 악순환이 이어질 수밖에 없었다. 공급이 부족한 상황에서 주택 가격을 안정시키려면 남은 것은 수요를 억제하는 것이다. 다주택자에 대해 세금 규제를 가하는 것이 유일한 선택지였던 셈이다. 결론적으로 말하면, 진보정권은 항상 선한 의도에도 불구하고 부동산 가격이 상승하여 그들의 주요 지지 계층인 서민들이 집값으로 고통을 겪게 만들었다.

규제 완화로 집값을 잡으려 하는 보수정권

기득권과 가진자들을 대변하고 그들을 위한 정책만을 펼칠 것 같은 이미지의 보수정권은 오히려 집값을 안정시키거나 하락시켰다. 선수가 선수를 알아본다고 하지 않던가. 부동산을 가져본 경험이 많은 보수진영의 부동산 투자나 투기 선수들은 어떻게 하면 집값이 오르고 내리는지 알고 있다.

특히 이명박 전 대통령은 건설회사 CEO까지 역임했으니 건설사들의 생리, 부동산의 생리를 잘 알고 있었다. 이명박 전 대통령은 취임 첫해부터 뉴타운 사업을 시작하여 공급을 늘렸고 양도세 중과 폐지 등으로 주택 거래를 활성화시켰다. 그 결과 보수정권의 이명박 정부에서는 부동산 가격을 13% 하락시켰고, 박근혜 정부는 27% 상승에 머물렀다. 부동산 가격 안정이라는 측면에서는 보수진영이 진보진영보다 훨씬 나은 성적표를 받았다.

문재인 대통령이 당선됐던 19대 대선에서 서울 강남 지역의 표심이 문재인 후보를 향했었다는 사실은 시사하는 바가 크다. 정치적인 성향을 떠나 집값 상승을 위해서 진보진영에 표를 줬다는 사실은 그간의 경험상 '진보정권은 집값을 올렸으니 문재인 정부 역시 부동산 가격을 올리지 않을까' 하는 기대가 반영되었고 결론적으로 그 예상은 맞아떨어졌다.

그렇다면 윤석열 정부는 집값의 방향을 어떤 쪽으로 끌고 가려 할까? 단순하게 생각하면, 보수진영의 대통령이니 집값이 내려가거나 비교적 적게 오를 것으로 예측해 볼 수 있다.

여기서 생각해 볼 것은 윤석열 대통령은 부동산 선수가 아니라는 것이다. 이명박 전 대통령은 건설업계의 생리를 역이용하여 집값을 잡았고, 박근혜 전 대통령은 이명박 정부의 정책을 이어받아 그나마 집값의 폭등을 막을 수 있었다. 그런데 윤석열 정부가 처한 상황은 꽃길이 아니다. 자칫 잘못하면 문재인 정부에 이어 부동산 가격이 폭등할 수도 있는 상황이다.

상승의 맛을 본 부동산 투자자들은 정권 초기 가만히 웅크리고 앉아 윤석열 정부의 부동산 대책을 기다리고 있다. 만일 대책이 시원찮으면 가격은 바로 상승 전환할 수 있다. 반대로 시장의 생리를 이용하여 투기와 투자 심리를 잠재우고 확실한 주택공급 신호가 있다면 부동산 가격을 잡는 성공적인 정부가 될 수 있을 것이다. 과연 윤석열 정부는 어떤 선택을 하고 어떤 대책을 내놓을까?

문재인의 부동산 vs 윤석열의 부동산

회사의 CEO가 바뀌면 그 회사의 전체적인 영업전략과 방향이 바뀐다. 이렇듯 조직의 리더가 바뀐다는 것은 그 조직의 특성이 달라진다는 것을 의미한다. 국가 역시 이와 비슷하다. 대통령이 바뀐다는 것은 단순히 행정부의 수장이 새로 온다는 것을 넘어 국가 전체에 영향을 준다.

좋든 싫든 앞으로 5년간 대한민국을 이끌어갈 지도자는 윤석열 대통령이다. 부동산 시장 역시 대통령의 영향을 받을 수밖에 없다. 윤석열 정부가 어떤 정책을 펼칠지 미리 예측해 보고 이에 따라 어떻게 대응할지 계획을 세워야 한다. 그래야만 새로운 기회를 잡을 수 있고 부를 추적할 수 있기 때문이다.

약속을 지킨 문재인의 부동산 정책

사람들이 미처 모르고 있는 비밀스러운 이야기를 해보자면, 문재인 전 대통령은 후보 시절 약속했던 부동산 관련 공약을 대부분 이행했다. 이렇게 이야기하면 의아하게 생각할 것이다. '그 수많은 대책에도 불구하고 부동산 가격이 폭등했는데 어떻게 부동산 공약을 이행했냐?'라고 의문을 가지는 것이 어쩌면 당연한 일이다. 그렇다면 문재인 전 대통령의 후보 시절 부동산 관련 공약 6가지를 살펴보자.

문재인의 '주거문제 해소' 관련 6가지 핵심 공약

1. 집 없는 서민들이 싸게, 안심하고 거주할 수 있는 공적 임대주택을 매년 17만 호씩 공급하여 집 걱정을 덜어준다.
2. 신혼부부의 주거사다리를 튼튼하게 만들어 집 문제로 결혼을 미루는 일이 없도록 한다.
3. 청년 임대주택 30만 호 공급으로 취업난에 허덕이는 청년 1인 가구들의 주거비 부담을 덜어준다.
4. 저소득 시민들에게도 따뜻한 주거복지의 손길이 닿을 수 있도록 한다.
5. 10조 원대 규모의 도시재생 뉴딜로 노후주택 지원 및 생활 여건을 개선한다.
6. 세입자들의 전월세 부담과 이사 걱정을 덜어드릴 수 있도록 집주인과 갈등 없는 사회통합형 주거 정책을 펼친다.

정리해보자. 문재인 정부는 집값을 안정시키겠다는 공약을 제시하지 않았다. 대신 공공임대주택과 도시재생 뉴딜사업을 추진하겠다고 약속했고 놀랍게도 이를 모두 지켰다.

군이 문재인 정부의 변호를 해보자면, 전 정부는 집값을 잡을 이유가 없었다. 그걸 보고 국민들이 대통령으로 뽑아준 게 아니기 때문이다. 부동산 가격 안정은 일종의 '애프터 서비스'였다. 부동산 가격이 상승을 넘어 급등하는 상황이 되자 민심이 나빠지고 지지율이 떨어질까 봐 조치를 취한 것이라고 보면 된다. 장관으로 임명했던 서비스센터의 기술자들이 제대로 문제진단을 하지 못해 그 부작용이 너무나도 심했을 뿐이다. 약속을 제대로 지켰던 문재인은 어쩌면 상당히 억울해하고 있을지도 모른다.

수요와 공급만을 따지는 부동산 시장

문재인 정부의 최대 실수 중 하나가 정부가 시장을 이길 수 있을 것이라는 믿음을 가진 것이었다. 2018년 9월 5일, 장하성 당시 청와대 정책실장은 한 라디오 방송에서 "거주를 위한, 정말 국민들의 삶을 위한, 주택은 시장이 이길 수 없습니다"라고 주장했다. 결과적으로 문재인 정부는 국민들을 위한 주택공급에 있어서도, 시장 통제에 있어서도 좋은 성적을 보이지 못했다. 정부가 집값을 잡겠다는 의지는 강했으나 그 방법을 수요 억제라는 '시장 통제'로 했기 때문이다. 여기까지만 이야기하면, '어떤 정부, 어떤 대통령이 집권해도 부동산 시장은 상관없이 흘러가겠구나'라고 오해할 수 있다. 하지만 그건 오해다.

직장인이라면 상사들이 회사에서 "너를 잘되게 하지는 못해도 못되게 할 수는 있다"라는 말을 들어봤을 것이다. 공감하는 사람도 꽤 있으리라 본다. 정부의 정책도 이와 비슷하다. 부동산 시장이 균형을 이루고 안정되도록 하는 정책은 펼치지 못해도, 균형을 잃고 혼돈에 빠지게 하는 정책은 가능하다. 이는 문재인 정부를 보면 알 수 있다. 시장이 균형을 이룰 수 있는 정책은 내놓지 못했지만 균형을 깨뜨리는 정책은 꾸준히 내놓았다.

경제학에는 '조세의 전가'라는 말이 있다. 집주인에게 세금을 내도록 하면 그 세금 부담이 돌고 돌아 결국 세입자에게 전가된다는 것이다. 집주인이 내는 재산세, 종합부동산세를 올리고 다주택자인 주택임대사업자의 세금 혜택을 축소하면 결국 그만큼 세입자의 부담으로 연결된다.

또 다른 사례로 '임대차 3법(전월세 신고제, 전월세상한제, 계약갱신 청구권제)'이 있다. 문재인 정부는 '세입자는 약자, 집주인은 강자'라는 인식을 가지고 있었던 것 같다. 그러다 보니 임대차 3법을 통해 강자를 압박해서 그 혜택을 약자에게 돌려주려 했다. 취지는 좋았을지 모르지만, 결과는 부동산 가격 폭등으로 이어졌고 그 피해는 고스란히 약자인 세입자들에게 돌아갔다.

문재인 정부가 부동산 대책을 세워서 발표할 때마다 부동산 가격을 올리는 요인으로 작용했다. 어설프게 건드리면 부동산 시장은 균형을 잃고 폭등 또는 폭락의 모습을 보이게 된다. 윤석열 정부 역시 부동산 정책을 수립할 때 제대로 하지 않으면 부동산 시장의 혼란을 일으킬 수 있다. 부동산 시장은 진보냐 보수냐를 따지지 않기 때문이다. 시장이 따지는 것은 결국 '수요와 공급'이다.

약속을 지켜야 하는 윤석열의 부동산 정책

앞서 문재인 전 대통령이 후보 시절 내놓은 부동산 공약을 대부분 이행했다고 말했다. 그렇다면 윤석열 대통령은 후보 시절 어떤 부동산 공약을 내놓았을까, 그리고 그 공약들은 얼마나 지켜질까. 일단 윤석열 대통령의 부동산 관련 핵심 공약을 몇 가지 짧게 요약하면 다음과 같다.

주택공급 관련

1. 수요에 부응하는 충분한 주택공급
2. 재건축, 재개발, 리모델링 활성화로 수요 맞춤형 공급 확대
3. 1기 신도시 재정비, 양질의 주택공급
4. 소규모주택의 정비를 활성화하여 거주 환경 개선
5. 청년원가주택 30만 호, 역세권 첫 집 20만 호 공급
6. 공공임대주택과 함께 민간임대주택 활성화

규제 완화 관련

1. 공시가격 환원, 부동산 세제 정상화
2. 주택임대시장 정상화, 임차인의 주거 안정 강화

윤석열 대통령의 공약집을 통해 알 수 있는 대표적인 부동산 공약은 주택공급 확대를 통한 수요 충족과 각종 규제를 완화하여 수요와 공급의 균형을 맞추겠다는 계획이다. 문재인 정부의 실패 원인을 '과도한 수요 억제'라 보고 이와 상반된 접근을 한 것으로 보인다. 이러한 방향성을 미리 알고 있으면 그에 맞춰 대응책을 마련하면 된다.

윤석열 대통령이 후보 시절 발표했던 부동산 관련 공약에 대해서는 4장에서 자세하게 분석하겠지만 핵심만 미리 살펴보면, 크게 '주택공급'과 '규제 완화' 두 가지를 축으로 하고 있다. 공약은 대체로 지켜질 것으로 본다. 윤석열 대통령은 전 정부의 가장 큰 실책을 부동산 정책이라 꼽았고, 그 실책을 대대적으로 부각시켜 상당히 많은 표를 얻었기 때문이다. 만약 윤석열 정부에서도 여전히 부동산 정책이 실패한다면 정권에 대한 신뢰가 떨어질 것이고, 그렇게 되면 자신들이 하고자 하는 또 다른 정책과 개혁을 실행할 동력을 잃게 된다는 것을 누구보다 자신들이 잘 알고 있을 것이다. 필자는 윤석열 정부에 있어 부동산 정책의 성패는 다른 정책의 성패와 다르게 큰 의미를 갖고 있다고 생각한다.

앞으로 5년, 부동산 투자의 핵심

이러한 공약을 바탕으로 했을 때, 윤석열 대통령이 집권하는 5년 동안 부동산 투자에 있어 참고할 만한 내용은 크게 세 가지로 요약된다. 첫째, 주택공급은 충분할 것이다. 둘째, 주택소유자들의 세금 부담은 줄어들 것이다. 셋째, 재건축, 재개발, 리모델링 사업이 활성화될 것이다.

이 안에는 부동산 가격의 상승요인과 하락요인이 각각 있다. 충분한 주택공급과 줄어드는 세금 부담은 하락요인으로 작용하고, 재개발 등 사업 활성화는 상승요인이 된다. 공약 자체에서도 상승과 하락요인이 있고, 이를 다시 경제 상황과 연결 지어 판단해야 한다. 다시 말하지만, 이제는 아무거나 막 사도 되는 때는 끝났다.

2022년 6월 말 현재, 윤석열 정부는 부동산 정책에 관해서는 비교적 공약대로 정책을 추진하는 모습을 보이고 있다. 다주택자에 대한 세금 면제, 양도세 완화 등이 그러하고, 생애 최초 주택 구입에 대해 지역, 금액 상관없이 LTV 80%를 적용해준다는 것 역시 공약과 연결된다. 하지만 앞으로 국내외 경제 상황에 따라 정부의 부동산 정책도 달라질 수 있다.

다음 장에서는 문재인 정부의 부동산 정책은 왜 부동산 가격 폭등으로 이어졌는지에 대해 살펴볼까 한다. 정부의 정책은 아무리 정권이 바뀌었다 하더라도 한순간에 손바닥 뒤집듯 바꿀 수 있는 것이 아니다. 윤석열 정부의 부동산 정책을 이해하고 투자에 성공하기 위해서는 문재인 정부의 부동산 정책의 실패 원인을 되짚어보는 것이 반드시 필요하다. 그렇다고 과거 이야기만 하는 것이 아니니 걱정하지 마시라. 문재인 정부의 부동산 정책 리뷰 이후 윤석열 정부의 부동산 관련 공약과 정책의 핵심 내용 분석을 이어 나가도록 하겠다.

Chapter 2

문재인 정부의
실패에서 배울 수 있는 것

시장의 자율적 기능을
못 믿은 문재인 정부

경제학 용어 중 '시장의 실패'라는 것이 있다. 시장이 자원의 최적 분배를 하지 못해서 발생하는 시장의 결함을 뜻한다.

대표적인 사례는 정상적인 시장가격이 왜곡되어 소비자들이 피해를 보는 경우다. 그 외에도 경제학에서는 혐오시설 등의 외부효과와 공공재의 존재 역시 시장의 실패를 형성하는 요인이라 설명한다. 경제학자들은 시장이 완전한 경쟁 구조가 되어 자원의 배분이 효과적으로 이루어진다면 시장의 실패는 없을 것이라 하지만, 현실적으로 완전 경쟁 시장은 없다고 봐야 하므로, 시장은 항상 실패의 위험성을 가지고 있다고 생각해야 한다.

시장에 잘 못 개입한 정부

　정부는 이렇게 시장의 실패가 발견되면 문제점을 개선하기 위해 경제에 개입하게 된다. 정부의 개입은 크게 4가지 방법, 즉 '법과 제도의 제정', '자원 배분', '소득 재분배', '안정화'를 통해 이루어진다.

　첫 번째, 법과 제도의 제정은 공정한 시장 질서를 위해 법을 제정하고 위반하는 경우 제재를 가함으로써 시장 기능을 회복시키는 기능이다. 두 번째, 자원 배분은 독과점의 폐단이 크거나 혐오시설, 기피시설 등이 있을 때 사회적으로 필요한 자원 배분을 위해 공공 규제를 가하는 것을 의미한다. 세 번째, 소득 재분배는 부익부 빈익빈과 같은 사회의 모순을 해결하는 기능이다. 네 번째, 안정화는 정부가 재정 정책, 환율 정책 등을 통해 경제를 안정화시키는 기능이다.

　시장의 자율적인 기능으로는 시장경제가 정상적으로 작동하기 어렵다는 판단이 될 때 정부가 시장에 개입하여 기능을 정상화하기 위해 노력하는 것은 문제가 될 게 없다. 그런데 문제는 정부가 개입했을 때 과연 시장이 정부의 의도대로 제 기능을 회복하는가이다. 문제를 해결하기 위해 정부에서 대책을 내놓았는데 오히려 역효과를 보는 경우가 적지 않기 때문이다. 대표적인 것이 문재인 정부의 부동산 정책이다. 정부는 정상적인 시장 상황보다 서울 강남을 비롯한 일부 지역의 집값이 지나치게 상승하여 부동산 시장을 왜곡한다는 판단 아래 '핀셋 규제'라는 명칭까지 만들어가며 이러저러한 고강도 대책을 내놓았다. 결국 정부는 부동산 시장에 28차례 개입하였으나 결론은 모두가 알다시피 부동산 가격 폭등이었다.

공급이 부족할 것이라는 믿음

정부가 개입해서 오히려 문제가 더 커지는 현상을 '정부의 실패'라 한다. 시장의 실패를 교정하고자 이루어진 정부 개입이 효율적인 시장의 기능을 방해하는 경우를 가리킨다. 정부의 실패 역시 여러 가지 요인이 있을 수 있는데 대표적인 것은 정부의 '불완전한 지식과 정보', '근시안적인 규제 수단', 이 두 가지를 들 수 있다. 이러한 관점에서 정부의 부동산 정책을 다시 살펴보자.

부동산 가격이 오르는 현상은 시장의 실패로 인한 것이었을까, 아니면 정부의 실패로 인한 것이었을까.

2008년 금융위기 기간 침체되었던 부동산 시장은 2015년부터 전세 가격 상승으로 인해 매매 가격이 동반 상승하는 현상이 나타났다. 이에 따라 2016년 이후, 매매 가격의 상승세는 점차 두드러지기 시작했다. 여기까지는 시장의 기능이 정상 작동했다고 할 수 있다. 전세 가격과 매매 가격의 상승은 그간 낮게 유지됐던 가격 수준이 화폐가치와 인플레이션으로 인해 가치가 아닌 가격이 상승한 것으로 볼 수 있기 때문이다. 만약 이 과정을 정부에서 정상적인 시장 기능이라 인식했다면 문재인 정부에서 부동산 시장은 광풍에 가까운 상승세는 없었는지도 모른다.

그런데 문재인 정부는 이러한 부동산 시장의 자연스러운 상승 현상을 시장이 왜곡되었다고 잘못 판단하여 28차례에 걸쳐 부동산 대책을 발표했다. 결과적으로 정부의 실패가 더욱 드러났고, 대책이 발표될 때마다 서울 강남 지역은 여전히 공급이 부족할 것이라는 확신만 강하게 할 뿐이었다.

서울 강남을 비롯한 서울을 규제하니 풍선효과로 인해 수도권과 지방까지 상승세가 번져갔다. 아쉽게도 항상 '만일'이라는 것은 재고할 가치가 없음에도 불구하고 만일 정부에서 보이지 않는 손의 효과를 조금만 더 믿었다면 서울 일부만 가격이 오르고 나머지 지역은 가격 안정이 가능했을지도 모른다.

문재인 정부의
핵심 부동산 정책 4가지

　문재인 정부는 주택을 '공공재'로 인식했다. 누군가 독점하여 사적이익을 취하는 상품이 아니라 공공이 함께 공유해야 하는 상품이었다. 이에 따라 문재인 정부는 주택에 대해 공공성 강화를 핵심기조로 삼았다. 다시 말해, 정부의 주택 정책은 경기부양이나 경기조절의 수단이 아니라 '서민의 주거 안정'과 '실수요자 보호'를 위한 정책임을 확고한 원칙으로 내세웠다는 것이다. 그 유명한 '집은 사는 것이 아니라 사는 곳'이라는 슬로건이 이를 대표한다.

　문재인 정부는 집이 '투자'의 대상이 아니라 '거주'의 대상이라는 점을 시장에 명확히 인식시키기 위해 투기 수요를 철저히 차단하고자 했다. 이에 따라 '투기 수요 근절', '실수요자 보호', '생애주기별·소득수준별 맞춤형 대책'의 3대 원칙에서 포용적 주거복지를 위한 주택시장 안정책과 실수요자 중심의 지원·공급책을 추진했다.

문재인 정부는 2020년 8월 임대차보호법 강화 및 종합부동산세 개정을 포함한 이른바 '임대차 3법'이 국회를 통과한 뒤 '실수요자는 확실히 보호하고 투기는 반드시 근절시키겠다는 것이 확고부동한 원칙'이라 했다. 그야말로 주거의 정의 실현을 강조한 것이다.

문재인 정부의 부동산 정책을 영역별로 나누어보면 '투기 수요 유입 차단', '대출 규제 등 금융 대책', '다주택자 세금 강화', '세입자 보호 대책' 이렇게 크게 4가지로 구분할 수 있다. 각각의 대책을 좀 더 자세히 살펴보자.

투기 수요의 유입 차단

문재인 정부는 조정대상지역과 투기과열지구를 지정하였고 여기에 더해 토지거래 허가구역까지 지정했다. 개략적으로 보면 주택 가격 상승이 계속되고 있는 지역을 조정대상지역으로 지정하고 이후에도 계속해서 과열이 일어나는 지역에 대해서는 투기과열지역 지정을 수차례에 걸쳐 확대했다. 이렇게 '지역' 또는 '구역'으로 지정되면 몇 가지 제한이 가해진다. 전매제한 기간이 강화되고 1순위 및 재당첨이 제한되며 중도금 대출 보증요건이 강화된다. 이 밖에도 규제지역에 대해서는 재건축, 재개발 사업에 대한 규제 강화를 위해 재건축 조합원 분양권 양도 제한 및 전매 세율 확대, 재개발 임대주택 의무 건설 비율 상향, 오피스텔 전매 강화 등 점차 규제가 확대되었다.

규제 중심의 금융 대책

문재인 정부는 대출을 규제해서 부동산 수요를 억제하고자 했다. 즉, 돈줄을 막아서 집을 살 수 없도록 한 것이다. 2017년 6월 첫 부동산 대

[2-1] 주택 보유 여부에 따라 적용되는 LTV 및 DTI (2022년 6월 현재)

주택가격	구분		투기과열지구 및 투기지역		조정대상지역		조정대상 지역 외 수도권		기타	
			LTV	DTI	LTV	DTI	LTV	DTI	LTV	DTI
고가주택 기준 이하 주택 구입시	서민 실수요자		50%	50%	70%	60%	70%	60%	70%	없음
	무주택 세대		40%	40%	60%	50%	70%	60%	70%	없음
	1주택 보유 세대	원칙	대출 불가능				60%	50%	60%	없음
		예외*	40%	40%	60%	50%	60%	50%	60%	없음
	2주택 보유 세대		대출 불가능				60%	50%	60%	없음
고가	원칙		대출 불가능				고가 주택기준 이하 주택 구입 시 기준과 동일			
	예외**		40%	40%	60%	50%				

* 서민 실수요자 : 부부합산소득 연 7,000만 원 미만 등(생애 최초 구입은 연 8,000만 원 미만)
** 기존 주택 2년 이내 처분 등

책부터 조정대상지역 및 고가 주택의 '주택담보인정비율(LTV)' 및 '총부채상환비율(DTI)' 규제를 계속해서 강화했다. 2018년 12월 DTI보다 대출기준을 더 강화한 새로운 DTI와 함께 '총부채원리금상환비율(DSR)'을 도입해 대출 상환능력 검증을 강화했다. 또 2020년 7월부터는 규제지역 내에서 주택을 거래하는 경우 고가 주택에만 적용하던 자금조달 계획서를 거래가액과 무관하게 제출하도록 변경했다.

주택담보대출 및 보금자리론 등에 대한 전입 및 처분 요건도 강화했다. 15억 원 이상 초고가 주택 구입 시 주택담보대출을 금지했다. 규제지역 내에서 주택을 구입하기 위해 주택담보대출을 받는 경우 주택 가격과 상관없이 6개월 내 기존 주택 처분 및 전입 의무를 부과했다. 보금자리론 역시 3개월 내 전입 및 1년 이상 실거주 유지 의무를 부과했다.

갭투자 방지를 위한 전세자금대출 보증 이용 제한도 강화했다. 시가 9억 원 초과 주택 보유자에 대한 전세자금대출 보증을 제한하던 것을 투기지역·투기과열지구 내 시가 3억 원 초과 아파트를 신규 구입하는 경우도 제한 대상에 추가하고, 전세자금대출을 받은 후 투기지역·투기과열지구 내 3억 원 초과 아파트를 구입하는 경우 대출금을 즉시 회수하도록 했다.

다주택자 세금 강화

다주택자에 대한 종합부동산세(종부세) 중과세율을 인상했다. 개인의 경우 '3주택 이상 및 조정대상지역 2주택'에 대해 과세표준 구간별로 1.2%~6.0% 세율을 적용했고 법인 역시 최고세율인 6%를 적용했다. 법인 보유 주택에 대해 개인에 대한 세율 중 최고 세율을 단일 세율(3%, 4%)로 적용하기로 했고, 법인 보유 주택에 대한 종부세 공제(6억 원)를 폐지하고, 조정대상지역 내 법인의 신규 임대주택에 대해서도 종부세를 과세하도록 변경했다.

양도세도 2년 미만 단기 보유 주택에 대한 양도 소득세율을 인상(1년 미만 40→70%, 2년 미만 기본세율→60%)했고 규제지역 다주택자도 양도세 중과세율 인상했다.

취득세 역시 다주택자와 법인 등에 대해 2주택은 8%, 3주택 이상 및 법인은 12%로 인상했다 법인 전환 시 취득세 감면도 제한했다.

그리고 다주택자 보유세를 인상하고 부동산 신탁 시 종부세, 재산세 등 보유세 납세자를 신탁사에서 소유자로 변경, 신탁자의 종부세 부담이 완화되는 문제를 막았다. 즉 실소유자가 직접 세금을 부담하도록 제도를 개선했다는 뜻이다.

세입자 보호 대책

문재인 정부 출범 당시 임대차 계약갱신청구권과 전월세상한제를 주요 국정과제로 삼았다. 이 내용을 담은 '주택임대차보호법 개정안(일명 임대차 3법)'이 2020년 7월 30일 국회 의결을 거쳐 시행됐다. 계약갱신청구권은 임차인이 희망하는 경우 1회 계약갱신을 청구할 수 있는 권리로, 안심 거주기간이 2년 늘어난다. 전월세상한제는 임대료 인상 상한을 5%로 제한하는 것이다.

세입자 보호 대책으로 금융지원도 실시했다. 청년 전월세 자금지원을 위해 버팀목 전세대출 금리를 인하하고 지원 대상과 대출한도도 늘렸다. 주거안정 월세대출, 청년보증부 월세대출 금리도 인하했다. 또 규제지역 LTV, DTI를 10%p 우대하는 서민 실수요자소득 기준을 부부합산 연 소득 8,000만 원 이하 (생애 최초 주택 구입자는 9,000만 원 이하)로 완화했다.

문재인 정부 부동산 대책 시기별 정리

2017년

- 6.19 / 주택시장의 안정적 관리를 위한 선별적·맞춤형 대응 방안
- 8.2 / 실수요 보호와 단기 투기 수요 억제를 통한 주택시장 안정화 방안
- 9.5 / 8.2 대책 후속 조치
- 10.24 / 가계부채 종합대책
- 11.29 / 주거복지 로드맵
- 12.13 / 임대주택 등록 활성화 방안

2018년

- 6.28 / 2018년 주거종합계획 제2차 장기 주거종합계획(2013~2022) 수정계획
- 7.5 / 신혼부부·청년 주거지원 방안
- 8.27 / 수도권 주택공급 확대 추진 및 투기지역 지정 등을 통한 시장 안정 기조 강화
- 9.13 / 주택시장 안정 대책
- 9.21 / 수도권 주택공급 확대 방안
- 12.19 / 2차 수도권 주택공급 계획 및 수도권 광역교통망 개선방안

2019년

- 1.9 / 등록 임대주택 관리 강화방안
- 4.23 / 2019년 주거종합계획
- 5.7 / 제3차 신규택지 추진계획
- 8.12 / 민간택지 분양가상한제 적용기준 개선 추진
- 10.1 / 부동산 시장 점검 결과 및 보완방안 (시장 안정 대책, 분양가상한제 보완방안)
- 11.6 / 민간택지 분양가상한제 지정
- 12.16 / 주택시장 안정화 방안

2020년

- 2.20 / 투기 수요 차단을 통한 주택시장 안정적 관리 기조 강화

- 5.6 / 수도권 주택공급 기반 강화 방안

- 5.20 / 2020년 주거종합계획

- 6.17 / 주택시장 안정을 위한 관리방안

- 7.10 / 주택시장 안정 보완대책

- 8.4 / 서울권역 등 수도권 주택공급 확대 방안

2021년

- 2.4 / 공공주도 3080+대도시권 주택공급 획기적 확대 방안

- 7.28 / 부동산 시장 안정을 위해 국민께 드리는 말씀

- 10.18 / 가계부채 관리 강화방안

28전 28패의 5가지 이유

바둑을 두고 난 후 그 과정을 처음부터 다시 짚어보는 것을 '복기復棋'라고 한다. 이긴 바둑을 다시 되돌아보는 것은 즐거운 일이지만, 진 바둑에 대해서는 그렇지 않다. 그런데도 바둑기사들이 자신이 패한 경기까지 꼼꼼하게 복기하는 것은 그 과정을 통해 자신의 실력을 점검하고 성숙시킬 수 있기 때문이다. 문재인 정부의 부동산 정책이 실패한 이유를 짚어보는 것은 향후 윤석열 정부의 부동산 시장을 예측하는 데 매우 중요한 자료가 될 수 있다. 부동산 투자자 입장에서는 '이때 사야 한다' 또는 '이때 사면 안 된다'라는 판단 기준을 마련하는 데 도움이 될 것이다.

문재인 정부는 집권 5년간 28회의 부동산 대책을 발표했었다. 처음에는 핀셋 규제를 통해 부동산 가격이 상승했던 지역만 따로 규제하겠다는 순한 맛으로 시작하였으나, 마지막에 와서는 은행 대출을 모두 막아 부동산 거래 자체를 막는 매운맛으로 마무리했다. 문재인 정부의 부동산 대책을 보면 "묻고 더블로 가!"를 외치며 도박장을 떠나지 못하는 도박 폐인을 보는 듯했다. '부동산 대책을 발표할 때마다 부동산 가격이 급등하는 상황에 대해 문제의 원인 진단이 틀렸다는 생각은 하지 못하고, 다주택자를 중심으로 한 투기 세력 때문이라 굳게 믿었다. 2003년에 개봉했던 영화 〈올드보이〉에 나오는 대사가 있다. "자꾸 틀린 질문만 하니까 대답이 나올 리가 없잖아!"

문재인 정부가 시도했던 28번의 부동산 대책이 실패한 이유를 짚어보도록 하자.

낮은 기준 금리

저금리는 집값 상승의 가장 강력한 원인 중 하나다. 기준 금리가 낮아진다는 것은 돈을 빌리기 쉬워진다는 뜻이 되고, 대출에 대한 부담도 줄어든다는 것을 의미한다. 2008년 금융위기 이후 전 세계적으로 각국 중앙은행이 기준 금리를 제로에 가깝게 유지함에 따라 많은 돈이 시중에 흘러 들어갔다. 한국은행의 기준 금리 변동 추이를 보자([2-2] 그래프 참조). 2012년 3.25%를 최고점으로 이후 10년간 기준 금리는 지속적으로 하락했다.

금리와 부동산 가격과의 관계는 별도로 자세히 설명할 기회가 있을 것이니 우선, 금리가 낮아지면 부동산 가격이 상승하게 된다는 점만 참고하기 바란다. 짧게 요약하면, 금리가 낮아 돈 빌리기가 쉬워지면 돈이

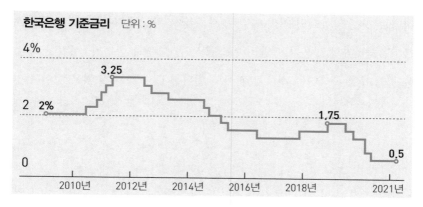

한국은행 기준금리 단위 : %

출처 한국은행

시중에 많이 돌게 되어 돈값(화폐가치)이 떨어져 그만큼 주식, 부동산 등 화폐로 표시되는 (가치의 상승과는 무관하게) 자산 가격은 올라가게 된다.

다시, 문재인 정부로 돌아오자. 문재인 정부에서 한국은행의 기준 금리는 연 2%를 넘지 않았다. 저금리를 넘어 초저금리라 불리던 시기였다. 정부의 부동산 가격 안정 의지와는 무관하게 금리의 움직임은 부동산 가격을 상승시킬 수밖에 없던 상황이었다.

주택 공급 부족

수요가 많으면 값이 올라간다. 반대로 공급이 많으면? 그렇다. 가격은 내려간다. 부동산도 마찬가지다. 문재인 정부 시절엔 수요가 많은데 공급이 부족했다. 그래서 집값은 오를 수밖에 없었다. 당시 국토교통부 김현미 장관이 "아파트가 빵이라면 밤새워 만들겠지만……"이라고 했던 것에는 나름대로 이유가 있었을 것이다. 그런데 문제는 아파트가 빵이 아니라는 것을 알았다면 미리 아파트 지을 땅을 확보했어야 했는데 그 시간을 부동산 대책 세운다고 낭비하고 말았다. 문재인 정부의 가장 큰 실책은 공급이 부족하다는 것을 알면서도 별다른 대비를 하지 않은 것이다.

강력한 세금 규제

잘 알려진 바와 같이 문재인 정부가 다주택자들의 수요를 억제하기 위해 취했던 세금 규제 정책은 부동산 가격 급등이란 역효과를 불러일으켰다. 다주택자들이라고 해서 세금을 아무리 많이 낸다 해도 끄떡없는 강철 지갑을 가진 것은 아니다. 결국 정부의 의도와는 다르게 다주택자들은 세금 부담 때문에 집을 팔지 못했다.

무리한 세금 규제는 주택의 수평 이동을 불가능하게 했다. 32평형에 살다가 집을 팔면 더 큰 집은 아니더라도 최소한 같은 평형으로 옮길 수 있어야 하지 않겠는가. 예를 들어, A라는 사람이 32평형 아파트를 10억 원 받고 팔았을 때 세금을 내고 나면 5억 원만 남는다고 해보자. 그냥 지금 있는 곳에 계속 있으면 집값이 10억 원에서 11억 원, 12억 원이 될 게 뻔한데 굳이 집을 매물로 내놓을 이유가 없다. 일명 '매물 잠김'이라는 현상은 바로 이러한 세금 규제 때문에 발생했다. 가지고 있는 집을 팔면 더 작은 집으로 가야 하니 집을 팔 사람이 줄어들 수밖에 없었다. 세금을 통해 다주택자 투기꾼을 잡겠다는 접근은 매물만 잠근 결과로 이어졌다.

투기지역 지정

문재인 정부는 부동산 규제의 수준을 차등 적용하기 위해, 규제지역, 투기지역, 투기과열지구, 조정대상지역 등을 지정했다. 부동산 대출과 양도세 등의 세금에 있어 각기 강도를 달리하여 적용했던 것이다. 참고로 서울은 전체가 '투기지역'이면서 '투기과열지역'이고, 동시에 '조정대상지역'이다. 지역구분은 고정된 것이 아니고 매월 업데이트되어 A지역은 저번 달까지는 아무런 규제가 없는 지역이었는데 이번 달에는 새롭게 규제지역에 포함되기도 했었다.

개인적인 판단으로는 투기지역이야말로 문재인 정부 최악의 정책이었다고 생각한다. 투기지역에 포함되지 않은 지역이 비규제지역이라 하여 투자 수요가 몰렸기 때문이다. 이쪽을 누르면 다른 쪽이 솟아오르는 풍선효과가 제대로 나타난 것이다.

기존의 부동산 가격 상승은 서울 지역을 중심으로 지지고 볶는 모습이었다. 즉, 부동산 가격이 상승한다 해도 그 여파가 멀리까지는 미치지 않았었다는 뜻이다. 그런데 투기지역 지정은 이러한 기존의 모습을 변화시켰다. 단순히 투기지역이 아니라는 이유만으로 상승하는 현상이 나타난 것이다. 교통이나 교육 여건이 좋아져서 가치가 오른 것이 아니라, 가치는 아무 변화가 없는 상태에서 오로지 투기지역이 아니라는 이유로 투자 수요가 몰려 가격이 상승한 경우가 많았다.

혹시 '버블 7 지역'이라는 말을 기억하는가? 과거 고 노무현 대통령 시절 집값이 급등한 7개 지역이다. 나열해보자면 강남, 서초, 송파, 목동, 분당, 용인, 평촌이다. 당시 정부에서는 집값에 거품이 끼어있는 위험한 지역이라 경고하려는 의도였다. 그런데 이 지역들은 나중에 거품이 꺼졌을까? 정부에서 공식 인증한 집값 오를만한 지역으로 인식되어 오히려 투자 수요가 늘었다. 금리나 공급 부족은 정부의 의지와 상관없었다는 변명까지는 이해할 수 있다. 하지만 투기지역 지정은 어떻게 설명할 것인가? 이건 순수하게 문재인 정부의 실책이다. 28연패의 가장 중요한 이유이기도 하다.

실거래가 신고

의도는 좋았지만 결과가 그렇지 못한 경우가 있다. 부동산 실거래가 신고가 그러하다. 처음의 의도는 참으로 순수했다. 실제 거래되는 금액을 공시함으로써 정확한 부동산 시세를 알리고 매수자들이 손해를 보지 않도록 하려는 계획이었다. 처음 실거래가 신고를 기획한 담당자는 속으로 보람을 느꼈을지도 모른다. 하지만 닳고 닳은 부동산 투자가들은 그들의 순진함을 비웃기라도 하듯, 실거래가 신고를 역으로 이용했다. 일명 '실거래가 띄우기'였다. 실거래가를 허위로 높게 신고한 뒤 계약을 취소하는 방식으로 시장 질서를 왜곡했다. 부동산 가격이 안정된 평화의 시대였다면 실거래가 신고제도가 처음의 기획 의도대로 주변 시세에 대한 실제 상황을 알려주는 역할을 했을 것이다. 안되는 집안은 뭘 해도 안 된다던데, 그 말이 맞는 듯하다.

정리해보자. 문재인 대통령의 재임 기간 대한민국 부동산은 누가 대통령이 되어도 값이 오를 수밖에 없는 상황이었다. 저금리와 공급 부족이라는 두 개의 강력한 상승요인이 힘을 발휘했기 때문이다. 아쉬운 것은 이러한 상승요인에 대한 대처가 프로답지 못했다는 점인데, 세금 규제, 투기지역지정, 실거래가 신고는 상승하는 집값을 잡기에는 역부족이었다. 국민들은 문재인 정부의 부동산 정책 실패에 대해 '정권교체'라는 형태로 질책했다.

부동산을 공공재로 본 결과

문재인 정부는 과연 집값이 어떤 원리로 결정되는지 몰랐을까? 분명 아닐 것이다. 수요를 억제한다고 해서 정말 의도한 대로 수요가 억제될 것이라 기대하지는 않았을 수 있다. 그런데도 5년간 28회의 부동산 대책을 발표했다. 정부도 알고 있었을 것이다. 이렇게 해서는 부동산 가격 안정에 큰 도움이 되지 않는다는 것을.

집값을 결정하는 '현재가치'와 '미래가치'

주택 가격이 어떻게 정해지는지를 이해하기 위해서는 부동산 가격에 영향을 미치는 수많은 변수를 살펴야 한다. 학군이나 교통은 기본이고 혐오시설, 인근 편의시설 등 주택 자체의 요인도 변수로 작용한다. 경제

지표들도 영향을 미치는데, 금리와 소득 등의 요소도 변수가 된다.

같은 단지 같은 동의 아파트라도 층수에 따라 조망에 따라 가격이 확 달라지기도 한다. 심지어 투자에 대한 기대심리나 공포심과 같은 숫자로 표현되기 힘든 요소들까지, 부동산 가격은 셀 수 없이 많은 변수들이 영향을 미친다.

이러한 다양한 변수를 하나하나 다 따져서 영향을 분석하는 것은 불가능에 가깝다. 현재까지 발표된 수많은 연구 논문들을 보면 대략적인 영향을 유추할 수 있을 뿐이고 어떤 요인이 어느 정도의 수치로 작용하는지는 아직 명확하게 규정된 것은 없다.

부동산 가격이 어떤 원리로 결정되는가를 쉽게 이해하기 위해 직관적인 방법을 사용할 수 있는데, 바로 '현재가치'와 '미래가치'를 나누어 보는 것이다. 부동산의 현재가치란, 말 그대로 해당 부동산이 현재 가지고 있는 조건을 기준으로 가격이 산정되는 것이다.

지하철과의 거리, 소속 학군, 주변 편의시설과 조망권 등이 여기에 포함된다. 즉, 해당 부동산의 현재 모습을 기준으로 가격이 산정되는데 전세 가격이 이를 잘 반영한다. 위치가 좋고 생활하기 편한 아파트라면 전세 가격이 높게 형성되는 것은 자연스러운 일이다.

여기에 더해 미래가치는 해당 부동산이 미래에 어떤 모습을 가질지에 대한 것이다. 교통이 더 편리해진다거나 인근에 상업시설이나 혐오시설이 들어온다거나 하는 미래의 모습이 반영된다. 예를 들어, 어떤 아파트의 매매 가격이 8억 원이고 전세 가격은 5억 원이라고 가정해보자. 이때이 아파트의 현재가치는 5억 원이고 나머지 3억 원은 이 아파트를 가지고 있을 때 얻을 수 있는 이익, 즉 기대치라 할 수 있다.

금리가 오르고 수요가 줄어서 매매 가격이 7억 원으로 1억 원 낮아졌다면, 이는 현재가치가 낮아져서가 아니라 기대치가 기존 3억 원에서 2억원으로 하락했기 때문이라고 이해해야 한다. 이러한 현재가치와 미래가치에 의한 부동산 가격 분석은 많은 것들을 직관적으로 알 수 있도록 해준다.

집값을 규범의 영역으로 본 문재인 정부

경제학을 구분할 때 규범경제학과 실증경제학으로 나누는 경우가 있다. 규범경제학이란 경제 현상이나 수치가 '이렇게 되어야 한다' 또는, '이렇게 되면 안 된다'의 가치 판단이 개입되는 경제학이다. 예를 들면, 불평등지수인 지니계수가 높아져서 소득 분배가 불평등해지는 추세를 보인다면 가치 판단이 개입된다. 즉, 지니계수를 낮추기 위해 정책은 어떤 정책을 펼 것인가 구상하게 된다.

문재인 정부에 있어 부동산 가격에 대한 경제학은 '규범'의 영역이었다. '서민에게 높은 이자율을 받는 것은 옳지 않다', '금융회사들이 막대한 이익을 가져가는 것은 옳지 않다' 등등. 경제 현상에 대해 가치 판단을 많이 했던 것이다. 반면 실증경제학이란 수치에 대해 '옳다', '그르다'의 가치 판단을 배제한 상태에서 수치와 통계치를 있는 그대로 받아들이는 것이다. 은행의 대출금리가 높아지는 경우, 투자가 줄어 경제가 침체되고 부동산 가격도 하락할 것이라는 식이다. 대출금리가 높아지건 낮아지건 이에 대해 옳다 그르다의 판단을 하지 않는 것이 실증경제학의 접근이다.

규범과 실증, 이 두 가지는 어느 한쪽이 무조건 옳거나 그르다거나 하지 않는다. 사안에 따라 규범경제학적인 접근이 필요할 때가 있고 실증경제학적인 접근이 필요한 경우가 따로 있기 때문이다. 부동산 문제에 대해서는 이 두 가지가 함께 사용된다고 할 수 있는데, 최종 의사 결정자, 즉 대통령에 따라 어느 쪽에 더 비중을 두느냐의 차이가 약간 있을 뿐이다.

정치가 개입된 부동산 정책

문재인 정부는 부동산 가격의 등락에 대해 옳다 그르다로 판단했다. 부동산 가격은 무조건 내려야 하는 것이고, 부동산은 공공재이므로 무조건 공공의 이익을 위해 이루어져야 한다는 것이 기본방향이었다. 문재인 정부가 생각하는 부동산 가격은 집값을 올려 이익을 얻으려는 기득권자, 다주택자 등 부동산 투기 세력과 무주택자들과의 대결이었다. 수요 억제 대책으로 주로 사용되었던 세금 강화 정책은 가진자들의 이익을 국가에서 회수해가는 정의로운 과정이었고, 각종 대출 규제는 다주택자들의 세력 확장을 막는 올바른 수단이었다.

정리해보면, 집값이 어떻게 결정되는지 문재인 정부는 잘 알고 있었다. 그런데도 부동산 가격에 정치가 고려되어 부동산 대책은 주로 가진자들에 대한 공격 위주였다. 그 부작용은 부동산 가격의 전체적인 상승으로 나타났고, 결국 다주택자들도 무주택자들도 손해를 보는 결과로 이어졌다.

경제 현상을 정치의 관점에서 접근했을 때 부작용은 반드시 나타날 수밖에 없다. 그 부작용은 주로 가격 상승이 된다는 것을 미리 알아둘 필요가 있다.

Chapter 3

윤석열 정부를 이해하기 위한 8가지 키워드

공정과 상식

한 정부의 정책, 특히 우리나라처럼 부동산 자산이 그 외의 자산에 비해 월등히 높은 비율을 차지하는 나라에서의 부동산 정책을 이해하고 미래를 예측하기 위해서는 그 정부의 배경과 정체성, 그리고 어떠한 경제 정책 기조를 가지고 있는지를 먼저 살펴야 한다. 이 장에서는 윤석열 정부의 정체성과 'Y노믹스'라고도 불리는 경제 정책 기조에 대해서 살펴보도록 하겠다.

윤석열 대통령은 '공정'과 '상식'을 자신의 슬로건으로 삼고 있다. 윤석열 정부의 지지율은 전 정권인 문재인 정부에 대한 불만을 기반으로 하고 있기 때문이다. 문재인 정부와 맞서 싸우는 윤석열의 모습에 지지자들은 환호하고 정권교체를 지지했다. 윤석열이 권력을 쥐게 되면 문재인 정부와 달리 국가를 공정하게 이끌어나갈 것이라는 기대였다.

내로남불에 지친 공정

윤석열 대통령은 정치를 시작하기 전까지는 스스로 공정의 아이콘이 되기 위해 노력한 적은 없다. 대중 앞에 나서서 정치 비전이나 국가 운영에 대한 계획을 발표한 적도 없다. 검찰이라는 국가기관에 근무하는 수많은 공무원 중의 하나였다. 자신의 직무에 따라 문재인 정부의 유력 인사들을 조사하는 과정에서 정권의 눈 밖에 나고 탄압받으면서 서서히 대중의 관심을 받게 되었다. 문재인 대통령의 퇴임 직전 모 인터뷰를 통해 밝혔던 것처럼 '윤석열의 당선은 아이러니'라 할 수 있다.

내로남불로 비판받은 문재인 정부와 집권 여당에 반기를 들고 맞서는 윤석열의 모습에 지지자들은 열광했다. 윤석열은 정치에 입문하면서 공정을 자신의 가치로 삼았던 것은 자연스러운 일이다.

박근혜 전 대통령의 탄핵 과정에서 공을 세운 윤석열은 문재인 정권에서 충분히 인정받을 수 있었고, 원하기만 했다면 당시 여당인 더불어민주당에서 정치적 입지를 높일 수 있었다. 사실 검찰총장도 그 공으로 발탁되었다고 해도 과언이 아니지 않는가. 윤석열 대통령이 검찰총장으로 근무할 때 여권 인사에 대한 의혹들을 적당히 눈감고 진영논리에 따라 수사 여부를 결정했다면 지금의 윤석열 대통령은 없었을 것이다. 정권의 핵심 인사를 수사하면서 미운털이 박히고 법무부 장관과 격하게 충돌하고 국정감사에서 여당 의원들과 설전을 벌이면서 '공정'의 상징이 되었다.

법대로 해야 한다는 상식

윤석열 대통령에게 공정이란 아주 간단하다. 법대로 하자는 것이다. 법에 따라 조사해서, 죄가 있으면 처벌하는 아주 간단한 상식이다.

윤석열 대통령이 후보 시절 문재인 정부의 부동산 정책에 대해 했던 언론 인터뷰와 SNS 등의 비판을 몇 개만 옮겨보면 다음과 같다.

"내년 이맘때면 종부세 폭탄 걱정 없게 하겠습니다."

"제가 대통령이 되면 임대차 3법의 맹점과 부작용을 면밀하게 살펴보겠다."

윤석열 정부의 부동산 정책이 어떤 결과를 가져올지 현재까지는 실마리가 많지 않다. 성공할 수도 실패할 수도 있다. 이러한 불확실성 속에서 한 가지 확실한 것은 비상식적인 규제들을 과감히 수정할 것이라는 점이다. 문재인 정부 시절 상식에 반하는 부동산 정책들이 많았기 때문이다.

취임 한 달이 조금 지난 6월 21일 발표된 윤석열 정부의 첫 번째 부동산 정책을 보면, 과도한 '벌주기 식' 규제를 정상화하겠다는 의지가 엿보인다(자세한 내용은 7장에서 설명하도록 함). 문재인 정부처럼 징벌적 수준으로 세금을 부담시키거나 편가르기, 갈라치기를 통해 강자와 약자의 대결이 되도록 하지는 않을 것이라는 예상은 가능하다. 공정과 상식을 강조했으니 최소한 그렇게 보이려고 노력은 해야될 테니 말이다.

능력 중심의 인재 채용

윤석열 대통령의 인수위는 출범부터 상대 진영의 공격을 많이 받았다. 그도 그럴 것이 인수위 구성원들이 대부분 서울대, 50대, 남성 위주였기 때문이다. 정치를 하면서 당연히 고려해야 하는 지역 배분은 물론이고 성별 배분도 없었다. 상대 진영에서는 이를 두고 2030 젊은 세대도 없고, 여성 할당도 없는 모습이라 비판의 날을 세웠다. 여기에 더해 우리나라에는 정말 깨끗하고 청렴하게 살아온 사람이 귀하다는 것도 알게 해줬다.

여기서는 문재인 정부의 인사 원칙과 윤석열 정부의 인사 원칙이 어떻게 다른지 살펴보고 그것을 통해 윤석열 정부의 인재 고용은 어떤 원칙을 가지고 이루어질 것인지에 대해 알아보자.

우리 편인가가 중요한 문재인

문재인 정부는 별도로 대통령직 인수위원회가 없었다. 박근혜 전 대통령이 탄핵된 후 바로 집권했기 때문에 따로 인수위를 만들 수 없었다. 따라서 문재인 정부의 첫 청와대를 구성했던 주요 인물들을 보면서 문재인 정부의 인사 원칙을 확인해보는 것이 좋을 듯하다.

우선 임종석 비서실장은 전대협 3기 의장 출신이고, 백원우 민정비서관은 전대협 2기 연대사업국장, 한병도 정무비서관은 전대협 3기 전북지역 조국통일위원장이었다. 윤건영 국정상황실장은 국민대 총학생회장, 제1부속실장 송인배는 부산대 총학생회장, 제2부속실장 유송화는 이화여대 총학생회장의 이력을 가지고 있다. 문재인 정부의 가장 큰 가치였던 '적폐 청산'에 딱 어울리는 이력을 갖춘 인사 구성이라 할 수 있다. 대부분 전대협 간부나 총학생회장의 이력을 가지고 있다.

개인적인 의견을 피력해보자면, CEO가 인재 채용을 할 때 자신보다 뛰어난 사람을 뽑을 것인가 자신보다 못 한 사람을 뽑을 것인가의 문제와 비슷하다. 자신보다 더 나은 인재를 뽑는 CEO는 그 회사를 더 성장시키고 발전시킬 수 있다. 반면 자신보다 못 한 인재를 뽑는 CEO라면 기업 내에서 자존심을 세우고 우월감을 느낄 수는 있지만 결국 회사는 더 발전하기 힘들게 된다. 문재인 대통령이 대한민국이라는 회사를 운영한다고 생각하면, 문재인은 자신보다 못한 사람들을 뽑은 것으로 보인다. 우리 편이니까, 같이 고생했으니까 채용하고 높은 자리에 올려줬다. 그 결과 정권을 빼앗기고 말았다.

문재인 정부는 과연 부동산 가격 안정을 진정으로 원했을까? 진심으로 부동산 가격을 안정시키고 싶었다면 국토교통부 장관 자리를 김현미에게 주지는 않았을 것 같다. 이력과 경력을 아무리 살펴봐도 국토교통부 장관 이전의 정치인 김현미는 말발 좋은 대변인 출신의 무난한 국회의원일 뿐이었으니까. 경제학이나 도시공학을 전공했다거나 관련 자격증을 가지고 있는 것도 아니었다. 부동산 정책이 연속으로 실패하던 시기에도 김현미 장관이 문재인 대통령의 무한 신뢰를 받을 수 있었던 비결은 김현미 장관이 실력과 능력있게 장관직을 수행해서가 아닐 것이다. 오히려 부동산에 대해 잘 모르니까 문재인 대통령이 안심하고 계속 장관 자리에 앉혀놓을 수 있었던 건 아닌가 싶다. 부동산에 대해 잘 알았다면 부동산 정책에 대해 비판했을 것이니 말이다.

능력이 되는가가 중요한 윤석열

윤석열 대통령이 인재를 능력 위주로 채용하겠다는 지극히 당연한 이야기를 할 때 오히려 신선하다 느꼈던 것은 기존까지 수많은 할당제에 익숙해졌기 때문이다. 윤석열 대통령은 인수위원회를 구성할 때 지역도 골고루, 성별도 평등하게 채용해야 한다는 기존의 암묵적인 룰을 따르지 않았다. 왜 골고루 배분되지 않았느냐는 질문에 인수위는 능력 위주라서 그렇다는 상식적인 대답을 했다.

대통령이 '공급 확대를 통한 부동산 가격 안정'을 부동산 정책의 목표로 제시한다면 그 목표를 달성할 수 있는 인재들이 정책을 수립할 것으로 기대할 수 있다. 기존 문재인 정부 인사 기준이 '우리 편인가?'였다면 윤석열 정부의 기준은 '능력이 되는가?'로 요약할 수 있다.

장관 후보자 인선에서도 일부를 **빼놓고**는 '인맥'이 크게 작용하지 않았다. 심지어 단일화를 통해 윤석열 정부의 탄생에 기여한 안철수를 인수위원장에 두기는 했지만, 안철수가 추천한 인사를 기용하지는 않았다. 눈 질끈 감고 안철수가 추천한 인사를 기용하고 정치적 입지를 다질 수 있었음에도 쉬운 길을 택하지 않았던 것이다.

규제 완화

문재인 정부는 부동산 정책에 있어 '죽비 맞았다'라는 표현으로 실패를 뼈아프게 인정했다. 부동산 가격 상승으로 인해 국민들의 불만이 쌓여있는 와중에 LH 직원들의 불법적인 부동산 투기 사건이 터져서 민심이 완전히 문재인 정부에서 떠나갔다. 윤석열 대통령은 문재인 정부의 부동산 정책 실패를 차별화 포인트로 삼아 이전 정부와는 다른 부동산 대책으로 부동산 가격 안정화를 이루어내겠다고 자신하고 있다.

시장의 자율성을 중시한다

윤석열 정부는 부동산 문제에 대해 규제가 오히려 역효과를 낳았기 때문에 주택 가격이 상승했다는 관점이다. 세금 및 대출 제도에 대해, 종합부동산세를 재검토하고 재산세와 다주택자 양도소득세율 완화 등 세금에 있어 규제보다는 완화를 택하고 있다. 무거운 세금으로 인해 다주택자들이 주택을 매물로 내놓지 못한다는 점을 고려한 것으로 보인다.

당선인 시절, 부동산 관련 업무보고에 참석했던 윤석열 대통령은 아래와 같이 의견을 제시했다.

"문재인 정부에서 주택 정책이 28차례 반복되면서 결국 엄청난 집값 상승을 부채질했다."

"집값 상승은 결국 시장의 생리를 외면한 그런 정책들 때문이다."

"주택 가격이 안정되면 무리해 집을 살 이유가 없어져 수요가 줄어드니 가격이 안정될 것이다."

"가장 기본적인 것은 수요에 맞게 시장에 물건이 공급돼야 하고, 매물이 나와서 새로운 공급이 이뤄지는 게 중요하다. 그러기 위해서는 주택건축에 대한 규제 완화가 따라야 하고, 택지공급도 있어야 한다."

(2022. 3. 25. 대통령직 인수위원회 국토교통부 업무보고 中)

임기 말의 문재인 정부는 부동산 대책이 효과를 발휘하고 있다고 자신감을 내비쳤다. 2022년 1월 홍남기 전 부총리는 "그동안 주택 가격이 과도하게 상승한 부분에 대해서는 일정 부분 조정 과정을 거칠 것으로 본다. 최근의 하향 안정세가 추세적 흐름으로 확고하게 자리 잡을 수 있도록 정책 기조를 일관성 있게 견지하며 추진해 나갈 것"이라고 했다. 또한 "올해 입주 예정 물량이 48만 8,000 가구로 전년 46만 가구와 10년간 평균 46만 9,000 가구를 상회하며, 2023년에는 54만 가구가 공급되며 이후 2030년까지 매년 56만 가구 규모의 주택이 공급될 예정으로, 시장 일각에서 공급과잉까지 우려할 정도다"라고 이야기했다.

홍 전 부총리의 말에 따르면 매년 56만 가구가 공급되기 때문에 정부는 특별히 공급 대책을 세우지 않아도 5년간 250만 가구 이상의 주택공급이 가능해진다고 한다. 매번 주택공급 대책을 발표할 때마다 대한민국에 더 이상 주택을 공급할만한 부지가 없다는 것을 발견하는 부동산 실수요자들 입장에서는 어리둥절할 따름이다. 공급이 충분하다는 문재인 정부의 발언을 과연 어디까지 믿어야 할지 알 수 없었다.

정리하자면 이렇다. 윤석열 정부는 부동산 가격 안정이라는 정책목표를 '규제 완화'와 '공급 확대'를 통해 이루고자 할 것으로 보인다. 규제 완화는 다주택자에 대한 세금 부담을 낮춤으로써 시장에 매물이 나오도록 유도하고, 신규 주택공급을 통해 수요를 맞추는 방향으로 접근할 것으로 예상된다.

민간 주도 성장

2022년 4월 6일, 그러니까 윤석열 대통령의 취임 한 달 전, 박수현 전 청와대 국민소통수석은 페이스북을 통해 '소득주도성장이 의미 있는 성과를 거뒀다'라고 주장했다. 박 수석은 '소득주도성장이 왜 실패했다고 낙인을 찍느냐'라며 '코로나 위기 이전 경기 하강 국면에서도 일자리 대책과 최저임금 인상 등으로 시장소득이 증가했고, 기초연금과 근로장려금 같은 공적 이전소득이 동시에 증가해서 경기 하강 국면에서도 가계소득이 증가했다'라고 주장했다.

박 전 수석의 주장을 종합해보면, 문재인 정부의 핵심 경제철학이었던 소득주도성장은 결코 실패한 정책이 아니라는 것으로 요약된다.

정부가 모든 걸 컨트롤 할 수 없다

'인국공 사태'라는 것이 있다. 인천국제공항(이하 인국공)에서 보안 검색 요원 1,900명을 정규직으로 전환해 직접 고용함에 따라 취준생들이 반발했던 것이 핵심이다. 노력을 통한 취업 경쟁이 아닌 단순히 '운'이 좋아 정규직 취업에 성공하는 것은 공정하지 않다는 취준생들의 주장이다. 인국공 사태의 본질은 비정규직을 줄여야 한다는 문재인 정부 정책의 영향이 컸다. 비정규직을 줄이고 정규직으로 채용하여 '사람이 먼저인 세상'을 만들어야 했기 때문에 무리수를 써가며 결국 1,900명 전원을 정규직으로 채용했다. 신분이 불안정한 비정규직 직원들이 정규직으로 전환되는 것은 아름다운 모습이다. 문제는 채용 전환된 인원수만큼 정규직 채용이 줄었다는 것이다.

비정규직을 줄인다는 정책목표를 달성하기 위해 무리하게 비정규직을 정규직으로 전환했던 것은 비단 인국공만이 아니었다. 비정규직 없는 아름다운 세상을 위해 대부분의 공기업에서 인국공과 유사한 방식으로 정규직 전환을 했다. 결과적으로 2017년 이후 공공기관 임직원은 10만 명 증가했다.

재난지원금을 보자. 재난지원금의 지급방식에 대해 보편적 복지의 관점에서 국민 전체에게 지급해야 한다는 의견이 있었고, 선별적 복지의 관점에서 실제 손실을 본 자영업자들 위주로 지급해야 한다는 의견이 팽팽히 맞섰다. 결과는 보편적 복지를 실천하여 전 국민에게 일괄적으로 몇 차례에 걸쳐 일정 금액을 지급했다.

문재인 정부가 보여주었던 인국공 사태와 재난지원금 등으로 미루어

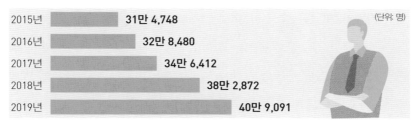

[3-1] 연도별 공공기관 임직원 추이

연도	임직원 수 (단위: 명)
2015년	31만 4,748
2016년	32만 8,480
2017년	34만 6,412
2018년	38만 2,872
2019년	40만 9,091

※ 2019년은 3·4분기 기준

출처: 공공기간 알리오

보면 정부는 문제해결 방식을 '정부의 재정지출' 위주로 접근했다. 나랏돈을 사용하여 비정규직을 줄여줬다. 국민에게 지급하는 재난지원금 역시 재원은 당연히 국민 세금이었다.

이러한 기조는 부동산 정책에서도 드러난다. 문재인 정부의 주택공급 대책 역시 LH 등 공공기관을 동원하여 주택을 공급하고자 했다. 문재인 전 대통령은 일자리 대통령이 되겠다고 선언하고 청와대에 일자리 상황판을 설치하는 등 적극적인 관심을 보였다. 그러나 결국 취했던 정책은 국고로 운영되는 공공기업을 이용하여 취업자 수를 늘리는 것이었다.

어르신 일자리를 창출하기 위해 횡단보도 앞에서 깃발 들기, 대학교 전등 끄기 등의 일자리를 만들었던 것은 결국 정부 주도 공공일자리 만들기의 방향이 어떠했는지를 보여주는 상징적 사례라 할 수 있다.

부동산과 상관없어 보이는 근로시간을 보자. 문재인 정부는 '주 52시간'의 근로시간 상한선을 정해 놓았다. 소득주도성장을 위해 최저시급은 1만 원을 목표로 지속적으로 높였다. 즉, 최저시급을 높이고 근로시간을 제한함으로써 문재인 정부는 소득을 늘리고 소비를 활성화할 수 있을 것으로 기대했다. 그러나 결과는 기대와 달랐다. 최저시급이 올라가자 대기업을 제외한 중소규모의 사업자들과 자영업자들은 고용을 줄였다. 주 52시간으로 근로시간을 제한하자 아르바이트들이 한 곳에서 오래 일을 못 하고 몇 군데를 시간을 쪼개가면서 일해야 하는 상황이 발생했다. 분명히 의도는 선했다는 것을 알 수 있지만, 그 결과까지 선하지는 않았던 것이다.

정부의 간섭을 최소화한다

윤석열 정부는 민간기업이 경제성장의 핵심 역할이라는 점을 인정한다. 당선인 시절, 기존 정권에서 무시당하던 전경련(전국 경제인 연합회)을 포함하여 경제 6단체장과 도시락 오찬을 하며 발언했던 내용들을 보면, '비즈니스 프렌들리(친기업적)' 대통령이 되려는 모습을 보인다. "공무원들이 말도 안 되는 규제를 하려고 하고 갑질하면 바로 전화하시라. 업무 중이라 못 받을 때도 있겠지만 퇴근해서라도 꼭 다시 전화를 걸겠다"라고 약속하기도 했다. 물론 보고체계를 무시하고 대통령에게 핫라인을 이용해서 민원을 해결하려는 기업인은 없겠지만 말이라도 이렇게 해주면 기업인들 입장에서는 의욕이 생기는 것은 사실이다.

단순하게 요약하면 윤석열 대통령의 경제 정책 방향은 민간을 통한 일자리 창출이고 정부는 이를 위한 금융, 세제 등의 지원역할을 담당해야 한다는 것이다. 정부가 앞장서서 일자리를 창출하는 것이 아니라 정부는 뒤에서 기업들을 뒷받침해준다는 개념이다. 심지어 공무원의 숫자가 너무 많다는 이야기까지 한다. 일자리 창출은 분명 중요한 성과지표이기는 하지만 억지로 정부와 공공의 취업을 늘리지는 않겠다는 뜻이기도 하다.

취업자 수뿐만 아니라 부동산 공급에서도 윤석열 정부는 민간의 참여를 적극적으로 지원해서 주택공급을 추진할 것이다. 민간은 '이익'이 있어야 개발을 진행하기 때문에 정부는 이익을 얻을 수 있도록 제도적인 뒷받침을 하는 것이다. '신통기획'을 예로 들 수 있다. 이는 서울시의 '신속통합기획(신통기획)'을 가리키는 것으로, 기존의 재개발 절차를 간소화하고 중복되는 것을 합쳐서 개발 기간을 단축하는 개발 방식이다. 직접 정부에서 주택을 짓는 것 이외에도 제도적 뒷받침을 통해 주택공급을 더 효율적으로 할 수 있다는 것이 윤석열 대통령의 경제철학이다.

윤석열 정부는 부동산 시장에 대해 어떠한 접근을 할까? 공약과 발언들을 보면 시장 질서를 왜곡하고 정부가 간섭하는 행위를 최소화할 것으로 보인다. 이전 정부의 구호처럼, '각 개인의 삶을 국가가 보장해주겠다', '국민의 기본권인 주거권을 확보해주기 위해 국가에서 예산을 쓰겠다'라는 식의 접근은 하지 않을 것이다.

주택 수요에 대응하는 접근방법에서 윤석열 대통령이 가진 '민간 위주'의 철학을 발견할 수 있다. 정부가 주택공급을 위해 기본적인 조건을 맞춰주지만, 나머지는 민간이 자신의 이익을 위해 자율적으로 주택을 공급할 수 있도록 한다는 것이다. 즉, 공공주택보다는 민간주택의 더 많은 공급을 위해 규제와 세금 제도를 완화하겠다는 것이 기본 방향이다.

이익의 사유화 인정

김동연 경기도지사는 문재인 정부에서 경제부총리로 근무하던 시절, 정부의 핵심 인사가 양도 차액을 100% 과세해야 한다는 주장에 대해 이 나라가 무슨 사회주의냐며 항의해서 고성이 오갈 정도였다고 뒷이야기를 전한 바 있다.

양도 차액에 대해 100% 과세해야 한다고 했던 문 정부 핵심 인사의 심정을 이해 못 할 바는 아니다. 수많은 대책에도 불구하고 부동산 가격이 안정될 기미를 보이지 않으니 답답한 마음에 그냥 해본 소리일 것이다.

개인이 투자를 통해 이익을 보면 그 이익은 개인의 것이다. 그 이익이 불법으로 얻은 것이 아닌 이상 국가는 관여하지 않는다. 이것은 어찌 보면 당연한 말이라 할 수 있다.

그런데도 이 말이 새롭게 느껴지는 것은 문재인 정부에서 수요 억제를 위해 취했던 여러 가지 대책들 때문이다. 주택을 가지고 있는 것이 오히려 부담이 되고, 집값이 올라도 세금 때문에 처분할 수 없는 상황에 몰렸던 기억으로 인해 투자 이익이 개인의 것이라는 당연한 말이 반갑게 느껴지는 것이다.

개인의 이익 추구는 정당하다

윤석열 정부의 기본 경제철학은 시장경제를 기반으로 한다. 시장경제는 '이렇게 해야 한다'와 같은 가치 판단을 하지 않는다. 수요와 공급이 맞는가? 즉, 균형을 이루는지를 우선 생각한다. 부동산 가격 상승이라는 현상을 접할 때 탐욕스러운 부동산 투기꾼들이 원인이라거나 투기세력이 개입해서 정부에 반하는 행동을 한다고 접근하지 않는다. 수요와 공급의 원리에 입각해서 수요는 많은데 공급이 적어 가격이 높은 지점에서 균형을 이룬다고 원인을 분석한다.

수요에 대해서도 이와 비슷한 접근이다. 수요가 있으면 그 수요에 맞추기 위해 공급이 확대될 것이라고 생각한다. 기본권으로서의 주거권은 국가가 책임지고 보장해줄 수는 없지만, 그간 제한되어 있던 대출 등을 활용하여 내 집 마련에 도전은 해볼 수 있도록 제도를 변경해준다는 방향이다. 공정이 강조되는 젊은 세대들에게는 무언가를 해주는 것이 중요한 게 아니라, 불이익을 받지 않고 게임에 동등하게 참여할 수 있는 기회가 더 중요하다는 것을 윤석열 대통령은 염두에 두고 있는 듯하다.

윤석열 정부는 부동산에 투자해서 이익을 얻는 것을 죄악시하지 않는다. 동시에 '부동산으로 돈을 벌 수 없도록 하겠다'라는 식으로 시장에 개입하려는 시도를 하지 않는다. 국가가 개인의 이익 추구를 '옳지 못한 것'으로 규정하지도 않는다. 오히려 규제를 풀어 집을 더 지을 수 있도록 한다. 재건축, 재개발 규제 완화를 통해 주택이 추가로 공급되면 그만큼 수요를 흡수할 수 있다는 계산이 깔려 있다.

윤석열 대통령이 당선인 신분으로 인수위에서 발언했던 살펴보면 그와 같은 생각을 엿볼 수 있다.

"매매 시장과 임대차 시장이 유기적 함수관계에 있는 점도 고려해야 한다."

"다주택자를 철저하게 응징하거나 제재를 가해야 한다는 사람도 있고, 시장 원리에 따라 매물이 나오게 유도하되 집을 사는 것보다 임차하는 사람을 생각해서 무리하게 규제하면 안 된다는 사람도 있다."

"결국 이것은 매매 시장과 관계가 있기 때문에 다주택자라고 규제하는 게 맞는지 더 세밀하게 살펴야 한다."

작은 정부

큰 정부와 작은 정부를 어떻게 구분할 것인가는 명확한 기준이 없다. 공무원의 수 또는 재정에서 정부와 공기업이 차지하는 비율 등을 기준으로 할 수 있지만 단순하게 수치를 통해 정부가 큰 것인가 작은 것인가를 판단하기는 어렵다.

다만 이해를 돕기 위해 기준을 제시해보자면 국가가 개인의 삶에 어느 정도로 개입하느냐를 하나의 지표로 사용해 볼 수 있다. 국가가 개인의 삶에 관여하는 정도에 따라 큰 정부, 작은 정부로 나눌 수 있겠다. 문재인 정부는 큰 정부라 할 수 있다. 방역을 위해 모임의 인원수와 각 사업장의 영업시간까지 통제하고, 고용개선을 위해 인천국제공항의 비정규직을 모두 정규직으로 전환하도록 독려하는 모습에서 이러한 점을 발견할 수 있다.

그렇다면 앞으로 윤석열 대통령의 작은 정부는 어떠한 모습을 보일 것인가? 큰 정부와 작은 정부를 비교해 봄으로써 윤 대통령이 추구하는 작은 정부는 어떤 모습을 보일지 예측해 보기로 하자.

개인의 삶을 세심하게 관리하는 큰 정부

큰 정부는 국가가 개인의 삶을 처음부터 끝까지 세심하게 관리할 필요가 있다는 입장이다. 그 예로 무상급식과 재난지원금을 보자.

무상급식은 모든 아이들이 밥을 굶지 않고 차별 없이 밥을 먹을 수 있도록 하겠다는 정책이다. 이 정책은 국가가 모든 아이들의 점심 한 끼를 해결해주겠다는 큰 정부의 모습으로 보인다. 이에 비해 보수진영에서 주장했던 것은 점심값을 지불할 여력이 되는 아이들은 비용을 부담해야 한다는 것이다. 그 돈으로 급식의 질을 높여서 아이들이 더 좋은 밥을 먹을 수 있게 하자는 것이다. 전 국민 재난지원금 역시 큰 정부의 모습이라 볼 수 있는데, 코로나로 경기가 침체되었으니 전 국민에게 지원금을 주자는 정책은 모든 사람에게 골고루 공평하게 지원금을 주지만 실질적인 도움은 되지 않았다.

반면 윤석열 대통령은 후보 시절, 전 국민을 대상으로 하지 않고 코로나로 피해를 본 자영업자들을 대상으로 크게 지원해야 한다고 주장했다. 공무원들이나 공기업 등 안정적인 직장에 근무하는 사람들은 실제 경제적 피해를 본 것은 없기 때문에 별도의 지원을 해줄 필요가 없다는 것이고, 급여가 안정적인 사람들에게 나누어줄 돈을 자영업자와 소상공

인에게 주면 더 많이 줄 수 있다는 것이 윤석열 정부의 관점이었다.

금융 규제에 대해서도 큰 정부와 작은 정부의 접근이 다르다. 큰 정부는 금융에 대해서도 국가가 개입하여 은행으로 하여금 신용등급이 높고 돈이 넉넉한 사람에게는 오히려 높은 금리로 대출을 받게 하고 신용등급이 낮아서 높은 금리를 부담해야 하는 사람들에게는 반대로 금리를 낮게 적용받도록 하겠다는 것이다.

은행으로서는 돈을 떼일 염려가 없는 고신용자들에게는 이자를 낮게 받아도 되고 신용이 낮아 원금과 이자를 회수하지 못할지도 모르는 저신용자들에게는 비싼 이자를 받는 게 정상이다. '하이리스크 하이리턴 High risk High return'이다. 위험이 크면 수익도 큰 것이 경제의 기초적인 원리라 할 수 있다.

부동산에서도 큰 정부는 부동산 불로소득 차단이라는 정책목표 달성을 위해 각종 제도와 세금 정책을 통해 개인의 자유를 축소하는 방향으로 움직인다.

필요 없는 것을 빼고 효율화를 추구하는 작은 정부

윤석열 대통령은 상식과 공정이라는 관점에서 작은 정부를 지향하고 있다. 심지어 공무원의 수도 줄이겠다고 한다. 대통령 인수위는 슬림·효율화를 통해 정부 규모를 줄이겠다고 발표했다. 윤석열 대통령이 후보 시절 발표했던 공약과 발언들을 살펴 보면 작은 정부의 실마리를 찾을 수 있다. 우선 망언 또는 실언으로 지적받았던 주 120시간 노동이라는 발언을 살펴보자. 전체 발언은 이렇다.

"현 정부는 주 52시간제로 일자리가 생긴다고 주장했지만. 일자리 증가율이 (작년 중소기업 기준) 0.1%에 불과하다는 통계도 있다. 실패한 정책이다. 스타트업 청년들을 만났더니, 주 52시간제도 시행에 예외 조항을 둬서 근로자가 조건을 합의하거나 선택할 수 있게 해달라고 토로하더라. 게임 하나 개발하려면 한 주에 52시간이 아니라 일주일에 120시간이라도 바짝 일하고, 이후에 마음껏 쉴 수 있어야 한다는 것이다. "

(2021년 7월 19일 〈매일경제〉 인터뷰 中)

윤석열 대통령은 '주 52시간 근무제'에 대한 비판을 하면서 주 52시간 근무제에 예외 조항을 두어야 한다는 취지의 발언을 했다. 주 52시간이든 주 120시간이든 근로자가 선택할 수 있어야 한다는 뜻이었는데 언론과 진보진영은 이러한 '선택'이 아닌 '주 120시간'을 문제 삼았다.

윤 대통령은 국가에서 노동시간까지 엄격하게 제한하는 것은 개인의 자유를 침해할 수 있기 때문에 예외가 있어야 한다는 점을 강조했는데 이러한 관점이 바로 작은 정부와 연결된다. 정부 부처를 줄이거나 공무원 수를 줄인다거나 하는 식으로 외형만 작게 하는 것이 아니라, 개인의 삶과 기업활동에 대한 개입을 줄이고 '심판'의 역할만 수행하겠다는 것이다. 윤석열의 주 120시간 발언은 작은 정부에 대한 선언이라 할 수 있다.

부동산 정책에 대해 큰 정부는 뭔가 추가적인 대책과 규제를 더해서 부동산 가격 안정이라는 목표를 달성하고자 시도하지만 작은 정부는 필요 없는 것들을 뺌으로써 부동산 가격 안정을 이루고자 한다.

　사례를 하나 살펴보자. 2022년 3월 11일, 대통령 인수위 관련 내용이다. 기존에 시행하던 가계대출 총량규제에 대해 인수위는 "근거가 뭐냐?"라고 물었다. 이에 대한 답은 "근거는 따로 없고, 정부에서 권고 차원의 제도"라고 답했다. 결국 정부는 별도의 근거 없이 민간 은행에 대해 지시를 내렸던 셈이다. 다시 말하면, 금융당국은 법적인 근거 없이 공문도 보내지 않고 '도덕적 권유'를 했다는 것이다.

　수많은 사람들의 대출을 막아 애태우게 했던 바로 그 은행 대출 규제가 알고 보니 '도덕적 권유'였고, 이를 따를 법적인 의무가 전혀 없었다니 허탈할 따름이다. 당연히 윤석열 대통령은 이런 식의 법적인 근거가 없는 규제를 폐지할 것으로 보인다. 앞으로 부동산 대출 규모와 금리는 각 은행에서 자율적으로 결정할 수 있게 될 것으로 보인다.

통제보다 혜택

TV에서 봤더니 어떤 심리학자가 이런 말을 했다. "아이들에게 무언가를 시키고 싶으면 오히려 '하지 마라'라고 이야기하면 된다." 맞는 말인 것 같다. 부모의 "공부해라!"라는 말을 듣고 '그래, 열심히 공부해서 부모님을 기쁘게 해드려야지'라고 생각하는 아이가 얼마나 되겠는가. 과거에 유행했던 《칭찬은 고래도 춤추게 한다》라는 책이 있다. 핵심 내용은 '칭찬'이 얼마나 긍정적인 효과를 유발하는지에 대한 것이다. 직장에서 리더십 관련 내용으로 '비난은 조용한 곳에서 작게, 칭찬은 공개된 곳에서 크게 해야 한다'라는 말을 들어본 적이 있을 것이다.

합법과 위법으로만 판단한다

윤석열 대통령은 대선 후보 시절부터 대통령 당선인 기간을 거쳐 취임할 때까지 부동산에 대해 '다주택자를 때려잡아야 한다' 또는 '수요를 억제해야 한다'라는 식의 채찍을 휘두르지 않았다. 법을 무기 삼아 부동산 투기를 억제하기 위한 강력한 대책을 내놓겠다고도 하지 않는다. 누가 무슨 잘못을 하면 어떻게 벌을 내리겠다. 정책목표를 달성하기 위해 어떤 식의 규제를 하겠다고 이야기하지 않는다. 윤석열 정부는 채찍을 휘둘러 강압적으로 부동산 시장을 통제하려는 의지를 보이지 않는다.

무사들의 칼은 칼집에 꽂혀있을 때 가장 위압적이다. 윤 대통령은 이점을 잘 알고 있는 것으로 보인다. 자녀에게 공부하라고 강압적으로 이야기하는 것이 자녀의 학습에 도움이 되지 않듯, 함부로 규제를 입에 올리거나 정책에 '억제', '통제'를 담으면 이를 지능적으로 우회하는 회피책이 나오고 오히려 부동산 시장이 더 교란될 것임을 알고 있다.

이렇게 말한다고 해서 윤석열 정부는 부동산 시장에 대해 절대로 채찍을 휘두르지 않을 것이라 안심하면 안 된다. 언론과의 인터뷰에서 지난 정권의 잘못이 발견되면 수사할 것이냐고 질문받았을 때 윤석열 당시 후보는 "해야죠"라고 이야기했다. "시스템에 의하여"라는 말도 덧붙였다.

윤석열 정부는 눈앞에 무서운 채찍을 들고 위협을 가하지 않는다. 대신 불법적인 부동산 거래, 부동산 시장 교란 행위 등 시장 질서를 해치는 행위를 막을 수 있도록 제도를 정비하고, 정해진 규칙을 따르지 않는 행위에 대해 엄격한 처벌을 할 것이다.

윤석열 대통령은 정치를 하기 전까지는 검사였다. 잘못하면 벌주는 직업이었고, 이 직업의 최고봉인 검찰총장까지 했었다. 잘못을 눈감아 주고 덮어주는 것은 절대 공정하지 않다는 원칙이 부동산 정책에도 반영될 것으로 보인다.

윤석열 정부는 강압적인 규제나 억제를 하지 않을 것이다. 부동산 투자 및 투기에 대해서도 정해진 규칙 내에서의 활동이라면 문제 삼지 않을 것이다. 다만 제도에서 허용되는 범위를 넘어서는 불법 행위에 대한 채찍은 매서울 것이다. 즉, 불법을 동원해 탈세하거나 각종 편법을 동원해서 자녀에게 부동산을 증여하는 경우, 지금보다 더 강한 처벌이 가해질 것이다.

문재인 정부가 부동산 정책에 대해 국민에게 실망감을 준 것은 사실이지만, 흠결 없는 도덕성이 있다고 믿었기에 국민들은 그래도 문재인을 믿어야 한다고 생각했다. 믿음은 2020년 4월 LH 사태로 인해 무너졌다. 토지개발 관련 공기업의 근무자들이 너나 할 것 없이 내부정보를 이용하여 큰 이익을 보고, 이 문제를 해결해야 할 정부는 무기력한 모습을 보였다. 관련자들이 엄벌에 처해졌다면 문재인은 깨끗한데, LH 직원들이 일탈한 것이라고 이해할 수 있었으나 결론적으로 LH 직원들은 별다른 불이익을 받지 않았다.

불법으로 인한 소득임에도 환수 조치가 없었던 것이다. 어떤 비례대표 국회의원은 청와대 근무한다는 직위를 이용하여 흑석동에 영혼까지 끌어모아서 빌딩을 샀음에도 역시 처벌을 받지 않았다. 국회의원이 되어 의원님 소리 들으면서 잘 지내고 있다. 불법을 엄단하겠다고 하고,

인사 검증을 할 때 부동산 투기한 사람은 공직자가 되지 못하도록 하겠다던 문재인 정부는 그 도덕성에 있어 의심받을 수밖에 없는 상황이 되어 버렸다.

반면 윤석열 대통령은 청렴함, 도덕성을 강조하지 않는다. 합법, 위법으로 나누어 죄를 판단한다. 문재인 정부에서 도덕성이 뛰어난 인물만 등용시키겠다고 했지만, 결과적으로 부동산 투기자들이 중요한 요직을 차지했던 것과는 대조적으로 윤석열 정부는 도덕성이 뛰어나고 부동산 투기를 하지 않은 사람만 인재로 기용하겠다는 선언은 하지 않았다. 이는 부동산 투기를 한 사람을 환영해서가 아니라 부동산이 많다는 이유로 인사에서 배제되지는 않을 것이란 뜻이다. 여기에 더해 만일 부동산 자산을 쌓는 과정에서 위법한 사실이 발견되면 이에 따른 처벌은 감수해야 한다는 뜻이기도 하다.

부동산에서 투기와 투자를 구분하는 일은 무의미하지만, 명확하게 투기라 할 수 있는 영역이 있다. 바로 농지다. 농지는 농민 자격을 가진 개인과 법인만 매입할 수 있기 때문이다. 농사를 짓지 않는 개인이 농지를 매입한다면 의심의 여지 없이 투기라 할 수 있다. 문재인 정부에서는 이러한 개인의 농지 구입에 대해 별다른 처벌을 가하지 못했다. 윤석열 대통령이 도덕성이 뛰어나서 지지를 받는 것이 아니지만 이러한 농지 구입에 대해서는 강한 처벌을 하리라 보여진다. 위법과 불법인데 눈감고 지나갈 수는 없으니까.

윤석열 대통령이 부동산에 대해 시장경제 위주의 접근을 선언했기 때문에 투기를 해도 괜찮을 것이라 오해할 수 있다. 윤석열 대통령은 검찰총장까지 지냈던 사람이다. 공정과 상식의 비전을 가지고 있다는 것은 불법에 대해 용인하지 않을 것이라는 뜻이 포함되어 있다.

혜택을 제시하여 시장을 활성화한다

부동산에 있어 최고의 당근은 세금 규제 완화라 할 수 있다. 다주택자들은 부동산 전 과정에 걸쳐 중과세를 부담해야 하기 때문이다. 이러한 중과세는 무주택자들에게는 심리적인 만족감을 줄 수는 있어도 실제로는 피해를 준다. 양도세로 인해 주택을 팔 수 없게 되는 매물 잠김 현상은 돌고 돌아 결국 부동산 가격 상승으로 이어지고, 무주택 및 실수요자들의 부담을 더 늘리는 부작용만 남기게 된다.

매물 잠김의 부작용을 해소하기 위해 윤석열 대통령은 다주택자들에게 당근을 제시했다. 우선 2023년 상반기까지 중과세 유예를 통해 양도세 부담을 일시적으로 완화해 주고, 공시가격 조정을 통해 재산세 부담도 낮추어준다. 문재인 정부는 세금 부담을 늘려 매물을 내놓도록 했고, 윤석열 정부는 반대로 세금 부담을 완화해 시장에 매물이 많아지도록 한다. 즉, 채찍을 동원해서 매물이 많아지도록 하는 것이 아니라 당근을 제시해서 자발적으로 매물을 내놓도록 하는 것이다.

대한민국은 온 국민이 부동산 전문가라 할 만큼 부동산은 모두의 관심사이다. 부동산 정책에 따라 소유자와 수요자들은 각각 자신들을 위한 최선의 경제적 선택을 해온 결과가 지금의 부동산 가격이다. 윤석열 정부는 각각의 시장 참여자들이 자신들에게 가장 유리한 경제적 선택을 할 수 있도록 당근을 제시하고 있다. 당근에는 주택공급 확대와 세금 완화라는 이름이 붙어있다.

윤석열 정부의 규제 완화 정책을 부동산 투기를 조장하려는 것이 아니냐고 오해할 수 있다. 하지만 잘못된 규제를 없애서 정상적으로 수요와 공급이 일치하도록 하는 것이 윤석열이 내놓은 해법이다.

2022년 5월 1일, 오세훈 서울시장은 자신의 SNS를 통해 '구도심 개발 특별법'을 환영한다는 메시지를 남겼다. 기존 각종 규제로 인해 낙후 지역의 개발이 어려운 상황이었기 때문에, 개발사업 진행을 좀 더 수월하게 만들어주는 법이 제정된다는 소식을 반긴 것으로 보인다. 같은 보수 진영의 대통령과 서울시장이 주택공급에 있어서 지원과 규제 완화에 긍정적이라는 점을 고려하면 주택공급에 있어 윤 대통령의 정책 방향은 정치적 이유로 막히지는 않을 것으로 보인다. 특히 서울의 부동산 가격 동향은 전국의 부동산에 영향을 주게 되므로 주택공급 신호는 부동산 가격 안정화를 앞당기는 요인이 될 것이다.

선별적 복지

진보진영이 보편적 복지의 관점에서 접근하는 것에 비해 윤석열 대통령은 선별적 복지의 필요성을 더 우선한다. 보수와 진보의 차이를 볼 수 있었던 대표적인 상황이 2021년 말, 이재명과 윤석열의 재난지원금에 관한 견해였다. 이재명은 전 국민에게 골고루 재난지원금을 지급해야 한다는 입장이었고 윤석열은 손실보상 개념으로 선별 지급해야 한다는 주장이었다.

필요한 곳에 더 많이

100명의 사람에게 나누어줄 수 있는 국가 예산 100만 원이 있다고 가정했을 때, 이재명은 1인당 1만 원씩 공평하게 나누어야 한다는 입장이고, 윤석열은 대상을 선별하여 필요한 사람에게만 줘야 한다는 입장이었다. 예를 들어 필요한 사람이 50명이면 그 사람들에게만 2만 원씩 나누어 주는 형식이다. 윤석열 대통령의 선별적 복지는 모든 사람에게 공평하게 나누어주지는 않는다. 쉬운 이해를 위해 다시 무상급식을 소환해 보자. 모든 아이들에게 공평하게 무상으로 점심을 먹도록 해주자는 것은 보편적 복지라 할 수 있다. 이에 비해 소득 수준이 낮아 제대로 밥을 먹을 수 없는 아이들만 선별해서 무상으로 해주자는 것은 선별적 복지. 이렇게 구분할 수 있다.

보편적 복지와 선별적 복지는 재난지원금 지급 문제에서 진보와 보수가 극명한 차이를 보였다. 지난 대선 당시 이재명 후보는 온 국민에게 공평하게 나누어주어야 한다는 주장했고, 윤석열 후보는 자영업자 손실보상이어야 한다는 입장이었다. TV토론 때 윤석열 당시 후보가 주장했던 내용을 재구성해보면 이렇다.

"전 국민에게 주는 것이 아니고 피해를 입은 분들한테 거기에 맞춤형으로 해드린단 얘기죠. 전 국민 재난지원금 같은 찔끔찔끔 지원은 안 됩니다. 정부의 영업시간 및 인원 제한으로 인한 피해를 원칙적으로 전액 보상해야 합니다. 100일 이내에 지역별·업종별 피해를 지수화하고, 영업 제한 형태에 따라 등급화하여 대출·임차료 등 금융 지원, 공과금 감면 등을 대폭적으로 추진하겠습니다."

선별적 복지를 부동산 정책에 응용해보면 이렇다. 부동산 정책에 있어 다주택자, 무주택자를 구분하는 정책이 예상된다. 다주택자에게는 양도세 중과세를 완화해 매물을 내놓도록 유도하고, 무주택자에게는 금융 지원을 높여 매입 또는 전월세 자금 마련에 도움받을 수 있도록 할 것이다. 일괄적으로 투기지역을 지정하는 식이 아닌 부동산 수요자, 공급자의 상황에 맞게 정책을 마련하는 선별적 대책을 예상해 볼 수 있다.

Chapter 4

윤석열의 부동산 공약은
이것이 다르다

목표는 부동산 정상화

이제부터 본격적으로 윤석열 대통령이 후보 시절 내놓았던 부동산 공약에 대해 살펴보도록 하자. 앞에서 언급했던 바와 같이 문재인 전 대통령도 후보 시절 내놓았던 부동산 관련 공약을 지키기 위해 충실히 노력했다. 다만, 결과가 안 좋았을 뿐이다. 윤석열 대통령도 자신의 공약을 지키려고 노력할 것이다. 특히, 부동산 공약에 대해서는 전 정부의 실책도 있고 해서 더욱 신경 써서 실천하려 할 것이 분명하다. 이런 관점에서 앞으로 5년, 윤석열 정부의 부동산 정책을 전망하기 위해서는 공약을 면밀하게 분석하는 것이 아주 중요한 일이다. 공약 분석이 곧 내 집 마련과 자산을 불리기 위한 지름길이라는 것을 잊지 말자(공약 원문자료는 윤석열 공약위키를 참조하였음).

'주택공급'과 '규제 완화'

윤석열 정부의 부동산 공약은 '부동산 정상화'라는 큰 제목 아래에 9개의 세부 공약을 제시했다.

9개의 부동산 관련 공약들에 더해 세부 내용에서도 부동산에 연관된 공약들이 몇 가지 더 있다. 예를 들면, '청년원가주택 30만 호', '역세권 첫 집 20만 호 공급', '주택임대시장 정상화', '임차인의 주거 안정 강화' 등이다. 공약이 제시된 순서대로 분석하는 것도 의미 있는 작업이겠지만, 좀 더 수월하게 공약 검토와 이해를 돕기 위해 영역별로 공약들을 재구성했다. 구분된 각 영역은 '주택공급', '규제 완화', '기타 공약'이다. 공약을 영역별로 구분해보면 다음과 같다.

부동산 정상화를 위한 공약

- 수요에 부응하는 충분한 주택공급
- 재건축, 재개발, 리모델링 활성화로 수요 맞춤형 공급 확대
- 1기 신도시 재정비, 양질의 주택공급
- 소규모주택 정비 활성화하여 거주환경 개선
- 주택임대시장 정상화, 임차인의 주거 안정 강화
- 공공임대주택과 함께 민간임대주택 활성화
- 공시가격 환원, 부동산 세제 정상화
- 주택 대출 규제 완화, 다양한 주택 금융 제도로 주거 사다리 복원
- 외국인 부동산 투기 방지, 국민 거주권 보호

---

① 주택공급 관련

- 수요에 부응하는 충분한 주택공급

- 재건축, 재개발, 리모델링 활성화로 수요 맞춤형 공급 확대

- 1기 신도시 재정비, 양질의 주택공급

- 소규모주택 정비 활성화하여 거주환경 개선

- 청년원가주택 30만 호, 역세권 첫 집 20만 호 공급

② 규제 완화 관련

- 공시가격 환원, 부동산 세제 정상화

- 주택임대시장 정상화, 임차인의 주거 안정 강화

③ 기타 부동산 관련 공약

- 불합리한 청약제도 개선

- 주택 대출 규제 완화, 다양한 주택 금융 제도로 주거사다리 복원

- 외국인 부동산 투기 방지, 국민 거주권 보호

- 서민, 중산층의 주거비 부담 경감

- 주거취약계층의 안정적 주거환경 보장

- 공정사회 : 부모찬스 없는 공정한 대입제도 마련

이제 하나씩 공약들을 살펴보면서 부동산 시장에 어떤 영향을 미칠지 예상해보도록 하자.

충분한 주택공급을 통한 시장 안정화

첫 번째로 제시되는 것은 주택공급 관련 내용이다. 핵심 내용은 5년간 250만 호를 공급하겠다는 내용이다.

공약을 정리하면, 수도권에 150만 호, 지방에 100만 호를 공급하겠다는 계획이다. 이중 가장 큰 비중을 차지하는 것은 공공택지 공급인데 수량을 보면 수도권에 74만 호, 지방에 68만 호 이렇게 총 142만 호를 공급하겠다는 내용이다. 142만 호라는 공공택지 공급을 보면 비중을 따져봤을 때, 공약으로 제시된 총 250만 호 중 57%에 달한다. 다음으로 비중이 높은 것은 재건축, 재개발인데 47만 호라는 전체 수량은 공약의 19%를 차지한다. 공약만 놓고 보면 이제 대한민국은 5년 이내에 주택이 차고 넘칠 정도라 기대할 수 있을 정도다.

그렇다면 이 공약은 실현 가능성이 있는 것일까. 우선 결론부터 말하

[4-2] 주택공급 관련 공약

현재
• 과도한 재건축, 재개발 규제로 인해 수요가 많은 도심의 주택공급 부족으로 주택가격이 폭등함에 따라 많은 국민들이 고통받고 있음
• 유주택자는 세금폭탄, 무주택자는·과도한 대출 규제로 내 집 마련이 어려워지는 등 주택 정책 전반에 대한 국민 불만이 큼
• 현 정부가 잘못된 시장 진단을 바탕으로 실효성 없는 규제를 남발해서 생긴문제

약속

• 확실한 주택공급 정책으로 시장을 안정시키고 국민의 주거수준 제고
  – 수요에 부응하는 주택공급에 주력하되, 시장 안정을 위해 필요한 경우 공공택지의 단계적 추가개발도 고려
• 5년간 250만 호 이상 공급(수도권 130만 호 이상 최대 150만 호)
  – 재건축, 재개발 47만 호(수도권 30.5만 호) : 정밀안전진단 기준 합리화, 재건축 초과이익 부담금 완화, 신속통합 인허가, 용적률 인센티브 등을 통해 공급물량 20~30% 확대
  – 도심·역세권 복합개발 20만 호(수도권 13만 호) : 도심 복합개발 혁신지구 제도를 도입하여 도심지역, 역세권, 준공업지역 등 복합개발
  – 국공유지 및 차량기지 복합개발 18만 호(수도권 14만 호) : 차량 기지와 지상 전철부지, 미활용 국공유지를 복합·입체화 개발 추진
  – 소규모 정비사업 10만 호(수도권 6.5만 호) : 기반시설 설치, 용적률 인센티브, 인·허가 절차 간소화 등을 통해 소규모로 주택공급 공공택지 142만 호(수도권 74만 호) : 현재 개발 중인 공공택지 및 GTX 노선상의 역세권 콤팩트시티 건설 추진
  – 기타 13만 호(수도권 12만 호) : 서울 상생주택, 매입약정 민간개발 등

자면, 놀랍게도 공급은 충분히 가능할 것으로 예상된다. 이에 대한 근거는 2020년 8월 13일과 2021년 5월 6일에 국토교통부에서 발표한 자료

에서 찾을 수 있다. 아이러니하게도 '8.4 대책', '2.4 대책'이라 불리는 문재인 정부의 부동산 공급 대책이 윤석열 정부의 핵심 추진 과제가 될 가능성이 크다.

문재인 정부의 어설픈 주택공급 대책

2020년에 발표한 '8.4 공급 대책'은 수도권에 총 127만 호를 공급하겠다는 계획이다. 서울에 36.4만 호, 경기에 90.6만 호를 공급하겠다는 것이다. 그리고 2021년에 발표한 '2.4 공급 대책'은 전국에 83만 호의 주택을 공급할 수 있는 부지를 확보하겠다는 내용이었다. 이때 국토교통부는 많은 비판을 받았다. 부지를 확보한 상태에서 주택공급계획을 발표한 것이 아니라, 앞으로 그만큼의 주택을 공급할 부지를 확보하겠다는 계획을 발표한 것이다. 마치 쿠팡에서 물건을 장바구니에 넣어두고 결제도 하지 않은 상태로 '물건을 구매했습니다'라고 말하는 것과 다르지 않았기 때문이다.

250만 호 공급 목표는 성공할까

여기서 궁금해지는 것이 윤석열 정부의 부동산 공급계획은 과연 성공할 것인가이다. 예상컨대 250만 호의 계획을 100% 달성하기는 어려울 것으로 보인다. 기존의 8.4 대책, 2.4 대책으로 전국에 주택을 부족하지 않게 공급하겠다는 정부의 계획은 계획대로만 된다면 문제가 없겠지만,

그것을 실행하기 위해서는 주민동의 등 넘어야 할 산이 너무 많기 때문이다. 특히 국가에서 개발사업을 시행하면 제대로 값을 받지 못할 것이라는 불안감도 있기 때문에 주민들의 동의를 받는 과정은 쉽지 않을 것으로 예상된다.

예를 들어보자. 2022년 4월 30일 서울 노원구에서 지역 주민에게 발송한 문자메시지가 하나 있었다. 내용은 노원구에 어떤 업체가 용지를 매입하여 33층 아파트를 짓는데, 그곳이 불암산 근처여서 주민들의 휴식권과 조망권을 해칠 수 있다는 것이었다. 이 계획이 알려지자 지역 주민들은 반대 시위를 하고, 구청에서는 주민들에게 반대 시위 온라인 서명을 독려했다. 과연 구청에서 나라 세금을 가지고 이런 온라인 서명을 독려하는 문자메시지를 보내도 되는가 하는 문제는 일단 논외로 하더라도, 주택공급에 대해 이런 식으로 주민들이 반대하고 사업이 지연되는 상황이 단지 노원구에서만 있는 일이 아니라 흔하게 발생하는 일이라는 것이다. 그만큼 주택공급을 위해서는 넘어야 할 산이 많다는 뜻이다.

그렇다면 윤석열 정부 역시 실패할 것인가? 그렇지 않다. 구체적인 성과를 얻을 수 있을 것이다. 주민동의라는 어려운 관문을 '당근'으로 해결할 수 있지 않을까 싶다. 재건축, 재개발에 있어 걸림돌이 되는 몇 가지 것들을 해결하면 불가능한 목표는 아니다. 재건축에 있어 가장 큰 걸림돌은 안전진단과 재건축 초과이익 환수제 이렇게 두 가지가 있고, 재개발에 있어서는 용적률 제한이 가장 큰 걸림돌이다. 윤석열 대통령과 오세훈 서울시장은 협조를 통해 서울 지역을 중심으로 주택공급의 걸림돌들을 제거하리라 보인다.

가장 희망적인 시나리오는 기존 문재인 정부에서 발표하고 추진해왔던 주택공급이 원활하게 이루어지고 여기에 더해 용적률 상향조정 등으로 주택공급이 계획보다 많아진다면 부동산 시장은 주택공급이 충분하다고 받아들일 가능성이 크다.

반대로 최악의 시나리오는 정부의 의도에도 불구하고 서울시장이 추진하는 '신통기획', '모아주택' 등 소규모 정비사업(이들에 대해서는 별도로 후술하도록 하겠다)의 차질부터 시작하여 재건축, 재개발 역시 사업성이 떨어진다는 이유로 추진이 안 되는 상황까지 가정해 볼 수 있다. 혹시라도 주택공급에 차질이 있다는 신호가 부동산 시장에 전달된다면 '역시 대한민국 정부는 누가 와도 주택공급은 제대로 못 한다'라는 인식으로 연결되어 부동산 가격이 다시 상승할 가능성이 있다.

그래서 윤석열 대통령은 후보 시절 재건축, 재개발 심지어 리모델링까지 어떻게 활성화할 것인가에 대한 공약을 발표했다. 다음 공약을 살펴보도록 하자.

재건축, 재개발, 리모델링 활성화

문재인 정부의 부동산 대책이 가졌던 한계는 기존에 이미 있는 주택들은 그대로 둔 상태에서 새로운 주택 부지를 찾았다는 것이다. 그런데 윤석열 정부는 새로운 주택 부지를 찾는 노력에 더해 기존의 주택들에 대해 인센티브를 제공함으로써 주택 추가 공급에 대한 '당근'을 제시한다. 그 내용은 다음 페이지의 표와 같다.

참고로 표에 정리된 공약들은 각 사업을 가로막는 가장 큰 걸림돌들이었다. 가려운 곳을 제대로 긁어주듯 제시된 공약들이라 할 수 있다. 공약대로만 진행된다면 주택공급에 있어 제도에 막히거나 규제 때문에 사업 추진이 안 되는 일은 없을 것으로 기대된다. 노후 아파트를 위한 인센티브와 노후 주거지의 빌라를 위한 공약으로 나누어보았다.

[4-3] 재건축, 재개발, 리모델링 활성화 공약

현재
• 신규 아파트 공급의 대부분은 재건축, 재개발을 통해 이루어지는데 문재인 정부 5년 동안 중앙정부와 서울시가 다 같이 규제를 강화해 정비사업이 크게 위축되고 신규 에서는 아파트 공급이 급감하여 집값 상승의 중요한 원인이 됨 • 현 정부가 안전진단 평가항목 중 '구조안전성' 가중치를 높이고, '조건부 재건축 판정 시 적정성 검토를 의무화한 이후 재건축 불가 판정이 16.5배 증가 • 정비사업은 지자체의 역할이 중요하지만, 중앙정부 차원에서 규제 합리화를 통한 정책지원도 필요

약속

- 재건축 정밀안전진단 기준의 합리적 조정
  - 30년 이상 노후 공동주택 정밀안전진단 면제 추진
  - 구조안전성 가중치 하향 설비노후도 및 주거환경 가중치 상향 조정

항목	구조안전성	건축마감 및 설비노후도	주거환경	비용 편익
현행	50%	25%	15%	10%
개선(안)	30%	30%	30%	10%

- 재건축 초과이익 환수제
  - 부담금 부과 기준 금액 상향, 부과율 인하, 비용 인정 항목 확대, 1주택 장기 보유자 감면, 부담금 납부 이연 허용 등
- 분양가 규제 운영 합리화
  - 토지비용과 건축비, 가산비 산정의 현실화, 이주비, 명도 소송비 등 정비사업의 특성 반영
- 기부채납 운영기준 마련
  - 「도시 및 주거환경정비법(개)」 규정에 따라 과도한 기반 시설 기부채납 방지를 위해 국토부 장관이 작성, 고시

- 사업성이 낮은 지역은 공공 참여 재개발 추진
  - 지자체는 용도지역 상향을 통해 사업성을 확보하고 중앙정부는 기반 시설 무상양도, 사업비 지원
- 신속한 리모델링 추진을 위한 법적, 제도적 개선
  - 주택법과 별도로 '리모델링 추진법' 제정
  - 안전진단 및 안전성 평가 절차개선 위해 안전성 검토 과정에 국토부 산하기관뿐 아니라 민간참여도 확대
  - 리모델링 수직·수평 증축 기준 정비

30년 이상 노후 아파트를 위한 인센티브

첫 번째로 '재건축 정밀 안전진단 기준 조정'에 대해 살펴보자. 아파트가 30년이 넘어 노후되면 아파트를 허물고 다시 짓는 재건축 또는 보강공사를 통해 층수와 면적을 넓히는 리모델링을 선택할 수 있다. 참고로 리모델링은 15년 이상, 재건축은 30년 이상이면 사업을 추진해 볼 수 있는데 재건축 사업에서 가장 걸림돌이 되는 것이 '안전진단'이다.

안전진단이라는 것은 구조안전성, 건축 마감, 주거환경, 비용편익 등 4가지 기준으로 점수를 산정하여 등급을 매기는 것인데, 서울 강남의 은마아파트를 보면 벽에 금이 가고 수도에서 녹물이 나와도 안전진단 결과는 '조건부 통과'였다. 이마저도 고 박원순 서울시장의 결정은 보류, 재자문 통보 등 사업 진행이 불가한 상태였다.

그런데 윤석열 대통령은 일단 아파트가 30년 넘었으면 정밀안전진단을 면제해주겠다고 공약했다. 지금처럼 30년 넘어 무너질 것 같아도 '안전진단'을 통과하지 못하면 사업 진행이 안 되는 상황을 바꾸어보겠다는

[4-4] 재건축 초과이익 환수액 산정(조합원당)

3,000만 원 이하	면제
3,000만~5,000만 원	3,000만 원 초과액의 **10%**
5,000만~7,000만 원	200만 원+5,000만 원 초과액의 **20%**
7,000만~9,000만 원	600만 원+7,000만 원 초과액의 **30%**
9,000만~1억 1,000만 원	1,200만 원+9,000만 원 초과액의 **40%**
1억 1,000만 원 초과	2,000만 원+1억 1,000만 원 초과액의 **50%**

뜻이다.

여기서 참고할 것이 있다. 윤석열 정부에서 '안전진단 완화'를 발표하자, 일부 커뮤니티에서 '안전 기준을 낮추면 더 위험한 거 아니냐'라고 반발한 사례가 있었는데, 용어를 잘못 이해해서 그런 것이다. 안전진단 기준을 낮춘다는 것은 재건축을 할 수 있는 기준을 낮추어 노후 아파트를 더 쉽게 다시 지을 수 있도록 하는 방안이다. 결과적으로 안전진단 기준을 완화한다는 것은 아파트가 무너질 때까지 기다리지 않게 하겠다는 뜻이니, 안전 측면에서는 오히려 더 강화된다 볼 수 있다.

두 번째는 '재건축 초과이익 환수제 완화'다. 재건축 안전진단 기준을 조정하면 일단 사업 진행 자체는 좀 더 수월해진다. 그런데 문제는 '재건축 초과이익 환수제'로 인해 수익 대신 손해만 보는 것 아니냐, 라는 걱정이다. 여기서 두 번째 공약인 재건축 초과이익 환수제 완화 카드가 나온다.

문재인 정부의 재건축 초과이익 환수제의 기본 내용을 보면 아래와 같다. 쉽게 풀어보자면 재건축 사업 직전과 직후 가격 차이에 대해 일정부분을 세금으로 내도록 하겠다는 것이다.

시세차익이 1억 원을 넘으면 그중 대략 50%는 세금으로 내야 한다고 보면 된다. 문제는 실제로 이익이 실현되기도 전에 부담금이 부과된다는 점인데, 주택을 팔아 시세차익을 얻는 것이 아니라 아파트가 재건축으로 값이 올랐으니 입주와 동시에 세금을 내야 하는 상황이다.

윤석열 대통령의 공약은 이러한 재건축 초과이익 환수제를 개정하겠다는 것이다. 공약에서 표현된 문구를 옮겨보면 부담금 부과 기준 금액 상향, 부과율 인하, 비용 인정 항목 확대, 1주택 장기 보유자 감면, 부담금 납부 이연 허용 등으로 나온다. 요약하면 이러저러한 조건을 만족시키면 세금을 줄여주겠다는 것으로 이해할 수 있다.

세 번째는 '분양가 규제 합리화'이다. 안전진단 기준을 낮추어 사업 진행을 할 수 있게 해주면서 재건축 초과이익 환수제를 손봐서 너무 많은 세금이 부과되지 않도록 하겠다는 것이다. 여기서 끝이 아니다. 거기에 더해 분양가 규제 합리화를 시행하겠다고 한다. 분양가 상한제는 개발 사업에서 일정 비율 이상의 이익을 얻지 못하도록 제도로 묶어 놓는 정책이다. 이를 손봐서 개발사업의 진행에 있어 이익을 제한하지 않겠다는 취지의 공약이다.

재건축 사업에 대해 제도적으로 정비하여 추진부터 분양까지 애프터서비스를 확실하게 해준다. 마치 '이런데도 재건축 안 해?'라고 유혹하는 듯하다. 이에 발맞춰서 서울시에서는 35층 제한을 풀어 '쌓고 싶은 만큼 쌓아도 됩니다. 50층도 괜찮습니다'라고 재건축을 더욱 부추기고 있는 상황이다.

15년 이상 노후 아파트를 위한 인센티브

아파트는 15년이 지나면 리모델링을 추진할 수 있다. 15년이면 아직 현역에서 뛰기에 전혀 무리가 없기에 굳이 다 허물고 다시 짓는 재건축을 할 필요가 없고 일부를 리모델링 하는 것이 더 효율적이다. 지금까지 리모델링은 주로 면적만 넓히는 수평 증축 위주였다. 수직 증축은 허용되지 않았기 때문이다. 아파트 수직 증축을 추진하면 정부에서는 좀 더 기다렸다 재건축하라는 입장이었다. 이러한 아파트 리모델링 사업에 대해 윤석열 대통령은 수직·수평 증축 기준을 정비하겠다고 공약했다. 다시 말하면 아파트 주민들이 자신들의 이익이 최대한 확보될 수 있도록 수직증축으로 층수를 더 올리거나 수평 증축으로 면적을 넓히는 것을 선택할 수 있게 되었다.

아파트 리모델링에 대한 인센티브는 분당, 평촌을 비롯한 1기 신도시에 활력을 불어넣을 것으로 보인다. 문재인 정부에서 리모델링 사업은 수익을 기대할 수 없었다. 리모델링이라고 해봤자, 15층으로 지어진 아파트를 공사비 들여 다시 15층으로 하거나 27평을 32평으로, 42평형을 47평형으로 넓히는 정도였기 때문에 이것저것 공사비와 불편함을 생각하면 이익을 보기 힘든 구조였다. 분당 지역이 대부분 이 경우에 해당된다. 지역적인 입지가 좋아 부동산 가격의 추가 상승이 가능함에도 리모델링 사업 조건이 맞지 않아 사업을 포기한 경우가 많았다. 윤석열 정부에서 리모델링 사업이 활성화된다면 가장 큰 수혜를 입을 지역이라 할 수 있다. 이외에도 일반 아파트 중 15년 이상 된 아파트들은 개정되는 리모델링 관련 제도에 의해 수혜를 입을만한 지역이 많을 것으로 보인다.

노후 단독주택, 빌라를 위한 인센티브

노후 빌라의 인기는 이명박 전 대통령의 '뉴타운'까지였다. 이후 진보 진영의 서울시장이 당선되어 시정을 수행할 때엔 노후 빌라의 인기는 대부분 사라졌다. 노후 단독주택과 빌라는 허물어 아파트를 짓는 재개발 사업의 진행 자체가 불투명해졌기 때문이다. 오히려 기존에 뉴타운으로 지정되어 있던 청계천 인근의 창신·숭의 뉴타운은 지구 지정이 취소되기도 했었다.

그러다 2021년 4월 오세훈 서울시장이 당선되면서 노후 단독주택과 빌라는 다시 인기를 얻었다. 뉴타운처럼 대규모로 재개발 사업을 진행하지 않고도 신속통합기획, '모아주택' 등의 사업으로 소규모 재개발이 가능해졌기 때문이다. 서울시와 윤석열의 중앙정부와 협력이 잘 이루어져 사업이 활성화될 것으로 기대해 볼 수 있다.

이번에도 윤석열 대통령의 공약은 디테일까지 다시 파고든다. 이어지는 1기 신도시 관련 공약과 저층 단독, 다가구 주택 정비 관련 공약으로 다시 한번 세부적인 공약을 제시한다.

1기 신도시 재정비를 통한 주택공급

윤석열 정부의 디테일은 1기 신도시 관련 공약에 잘 드러난다. 보통의 경우 신도시 관련 개발 공약이라 하면 아파트를 리모델링할 수 있게 해주겠다 정도로 끝날 텐데, 윤석열 정부는 신도시에 있는 단독주택과 저층 빌라까지 포함하여 공약을 제시했다.

1기 신도시 아파트 재정비

5개 지역(분당, 일산, 평촌, 산본, 중동)에 위치한 총 30만 가구의 1기 신도시는 1992년부터 본격적으로 공급되어 30년이 경과하고 있다. 리모델링과 재건축 사이에서 선택할 수 있다. 기존의 1기 신도시들은 대부분 리모델링 사업으로 방향을 잡았었다. 용적률 200% 내외인 상황에서

[4-5] 1기 신도시 재정비 관련 공약

현재
• 수도권 5개 신도시(분당, 일산, 평촌, 산본, 중동)는 약 30만 가구의 보금자리임. 그러나 첫 입주가 시작된 지 30년이 지나면서 건물이 노후화되고 층간소음과 주차시설 부족 등 생활 불편이 야기되고 있음 • 1기 신도시의 경우 평균 용적률 169~226%로 고밀 고층 아파트가 많아 노후 단독주택과 저층 공동주택을 대상으로 하는 기존 재정비 원칙을 적용하기 어려움

약속
•「1기 신도시 재정비사업 촉진을 위한 특별법」 제정 　- 인허가 절차 간소화, 안전진단 제도 규제 완화, 재건축 초과이익 환수제도 완화, 금융지원, 토지 용도 변경 및 용적률 상향, 세입자 이주 대책 및 재정착 대책 등 포함 • 1기 신도시에 양질의 주택 10만 호 공급 기반 구축 　- 토지용도 변경과 종상향을 통해 용적률을 높이는 등 체계적인 재정비사업을 추진, 장기적으로 10만 호 이상의 주택을 추가 공급 • 3기 신도시 등에 1기 신도시 재정비를 위한 이주 전용 단지 마련 　- 3기 신도시와 중소규모의 공공택지개발사업지구에 이주 전용 단지를 마련하고 1기 신도시 순환개발을 추진하여 재정비 사업에 따른 주택 가격 상승 및 전세난 등 대책 마련

다시 용적률 200%를 적용받는 상황이었기 때문에 특별히 사업성이 나아질 것 같지 않다는 판단 때문이다.

기존에 15층짜리 아파트가 있는데 이러저러한 비용을 다 치르고 다시 15층짜리 아파트를 다시 짓는 사업이라면 매력이 떨어질 수밖에 없지 않겠는가. 심지어 재건축했으니 재건축 초과이익 환수제에 해당되어 세금도 내야 한다.

이와 같은 이유로 신도시는 재건축 사업에 부정적이었다. 리모델링 사업으로 울며 겨자 먹기로 갈 수밖에 없었는데, 리모델링 사업 역시 그다지 매력이 있지는 않았다. 자기 돈 들여 평수를 늘려도 값을 많이 받을 수 있는 게 아니라 주변 유사 평형 아파트와 시세가 비슷하게 형성되기 때문에 결국 돈만 들이고 이익은 별로 없는 상황이었다.

1기 신도시 특별법 제정은 사업성 저하라는 장애물을 제거해준다. 앞서 보았던 재건축 초과이익 환수를 완화해주고 동시에 용적률 상향을 통해 재건축을 했을 때 기존보다 더 높은 층수로 지을 수 있게 해준다는 것이다. 1기 신도시 아파트에 총 30만 가구가 있는데 단순 계산해서 용적률을 200%에서 300%로 올려준다면 1기 신도시는 기존 30만 가구에서 45만 가구까지 수용할 수 있게 된다. 15만 가구가 강요나 규제가 아닌 경제적 판단에 의해 공급될 수 있게 되는 것이다.

1기 신도시 단독주택 및 빌라 재정비

신도시라 해서 무조건 아파트만 있지는 않다. 중간중간 단독주택과 저층 다세대주택(빌라)이 있는데 윤 정부의 공약은 이러한 저층 주택까지 배려했다. 주택을 더 높게 새로 짓고 싶다면 종상향을 통해 더 높은 용적률이 적용되도록 해준다. 서울 지역이 노후 주택들을 모아 소규모 정비사업을 하는 방식을 1기 신도시에도 적용할 수 있도록 제도를 마련하겠다는 계획이다.

이러한 시장친화적 공약엔 넘어야 할 산이 있다. 바로 1기 신도시 재정비사업 촉진을 위한 특별법이 국회에서 통과되어야 한다는 점이다. 대통령이 소속된 여당은 국회의원 수가 적고, 야당은 국회의원 수가 많은 상황에서 대통령이 의지를 가지고 법 제정을 추진한다고 해도 난관은 이어질 것으로 보인다. 국회에서 이 법을 언제 어떻게 통과시키느냐에 따라 1기 신도시의 추가 개발을 통한 주택공급은 영향을 받지 않을까 싶다.

다만, 주택공급은 단순하게 용적률을 상향 조정한다고 해서 모든 문제가 해결되는 것은 아니다. 기존의 도로, 학교, 상업시설 등 사회시설을 고려해야 하기 때문이다. 10만 명을 계획하여 건설된 지역에 주택이 추가 공급되어 20만 명이 거주하게 된다면 학교, 도로 역시 2배로 필요하게 된다. 집을 높게 많이 짓는 것 자체는 어려운 일이 아니지만 늘어나는 인구를 감당할 수 있어야 한다. 윤석열 정부에서 이러한 점을 어떻게 해결할 수 있을 것인가. 아마 현재로서는 주택공급 자체에 초점이 맞춰져 있기에 사회시설까지 계획하지는 못하고 있을 것이다.

소규모주택 정비사업을 통한
주거환경 개선

일명 '집 장사'라 불리는 빌라 건축업자들이 있다. 이들은 50평에서 70평 내외의 낡은 단독주택을 매입하여 총 5층 건물을 짓는데, 구성이 천편일률적이다. 1층은 기둥이 세워진 필로티 구조의 주차장, 2층부터 5층까지는 주택의 형태다. 실제 4개 층만 주택으로 제공되는 이러한 빌라들이 7층에서 10층까지 지어질 수 있다면 주택공급은 훨씬 숨통이 트일 것이다. 윤석열 대통령의 공약은 빌라 위주의 주거지역에 현재보다 더 많은 수준의 주택공급이 가능하도록 규제를 완화하겠다는 방향이다.

다세대주택 규제 완화를 통한 주택공급

소규모주택 정비사업의 핵심은 다세대주택(빌라)을 높게 지을 수 있게

[4-6] 주거환경 개선 관련 공약

현재

- 저층 주거지역은 재개발 가로주택정비사업 등이 추진되고 있으나 입지 여건상 한계가 있고 필지별 소규모주택 정비는 주차장 확보, 기반 시설 문제로 추진이 어려움
- 부정형의 필지 단위 개발 시 주차장 확보는 여건상 불가능하고 수익성도 낮아 사업자도 외면하고 있으며, 특히 주차장이 없는 주택은 신혼부부 등 젊은 층의 수요가 적음
- 문재인 정부는 2.4대책으로 공공개발을 추진하고 있으나 보상 재원, 수익성 등 문제로 일부 시범사업을 제외하고는 실현 가능성이 낮음

약속

- 소규모주택 정비사업 적극 활용
  - 구역 내 또는 반경 300~400m 이내에 지자체가 주차장을 건설하거나 건설을 지원하여 주차장 부담을 덜어주고 용적률·높이 제한을 완화하여 7~10층까지 건축 허용
  - 국공유지, 소하천 복개, 학교·공원 지하 등을 적극 활용하여 주차장을 제공하고 건축법상 주차장 확보기준으로 인정
  - 가로주택 정비사업 시행 시 지하층 한 층을 추가하는 비용을 지원하여 인근 주민에게 주차장으로 제공(이용자들은 비용을 부담하고 주차수익은 공유)
- 도로로 구획된 면적뿐 아니라 인접 토지 일부 포함 허용, 용적률 확대, 매입 협의 절차 신속 지원
- 주택도시기금과 문화·체육시설에 주로 사용되는 생활 SOC 지원 재원에서 주차장, 복지시설 등 지원
- 지역 청년들의 소자본 창업 지원, 노천카페 등 허용지역 확대

해준다는 것으로 요약해 볼 수 있다. 세부적인 방안을 보면, 용적률, 높이 제한, 주차장 규정 등을 완화하여 최대 10층까지 주택을 지을 수 있

게 규제를 완화하는 것이다.

숫자를 살펴보자. 서울에는 총 170만 호의 아파트와 92만 호의 연립·다세대주택이 있다. 소규모 정비사업을 통해 다세대주택이 30% 증가한다면 27만 호 정도의 추가적인 주택공급이 가능해진다. 규제를 완화하고 제도적으로 약간만 지원해주면 상당한 수량의 주택공급 효과를 얻을 수 있다. 수요자들에게 채찍을 휘둘러 수요를 억제하는 것이 아니라 공급자들에게 당근을 제시하여 공급을 늘리는 것이다. 윤석열 대통령의 부동산 공약이 가진 큰 줄기라 볼 수 있다.

윤석열 정부의 주택공급 정책과 궤를 맞춰 오세훈 서울시장은 2022년 6월 7일, 모아주택을 15층까지 지을 수 있도록 허용하겠다는 계획을 발표했다. 기존엔 2종 일반주거지역은 최대 7층까지만 지을 수 있었던 것과 비교하면 2배 이상 더 높이 층수를 올릴 수 있도록 해준 것이다. 윤 대통령의 주택공급 확대 구상이 제도적으로도 뒷받침될 것이라 기대해 볼 수 있다.

청년층을 위한 주택공급 확대

윤석열 대통령의 청년원가주택 공약은 MZ세대라 불리는 2030세대를 배려한 정책이다. 청년세대와 신혼부부를 위해 주택 마련 기회를 충분히 제공하겠다는 의지가 담긴 정책이다. 대략적인 내용을 보면 크게 2가지로 구분된다. 첫째는 원가 수준으로 주택을 공급하는 '청년원가주택 30만 호', 둘째는 '역세권 첫 집 20만 호'이다.

청년원가주택 30만 호 공급

기본적인 계획은 공공분양주택을 건설 원가 수준으로 공급한다는 것이고, 여기에 더해 분양대금의 20%만 납입하고 나머지는 대출로 지원하겠다는 방향이다. 예를 들어 25평형 공공분양주택의 원가가 3억 원이

[4-7] 청년층을 위한 주택공급 관련 공약

현재
• 비정상적인 부동산 가격상승으로 청년·신혼부부 주거 문제가 심각한 상황으로 특히 수도권 2030 무주택가구는 178만 가구에 이름 • 반면 정부의 지원은 임대주택 위주로 되어 있어 청년층의 주거 안정을 위한 보다 효과적인 정책이 필요 • 또한 대부분 청년, 신혼부부 가구는 도심역세권 거주를 희망하고 있어 3기 신도시 등 외곽 택지개발만으로는 이들의 수요를 충족시키는 데 한계가 있음

약속
• 청년원가주택 30만 호 공급 – 청년층에게 공공분양주택을 건설 원가 수준으로 공급하고, 분양가의 20%를 내고 80%는 장기 원리금 상환을 통해 매입 – 최초 수분양자가 5년 이상 거주 후 원가주택 매각을 원할 경우, 국가에 매각하도록 하고 매매차익의 70%까지 돌려받게 하여 자산형성 지원 • 역세권 첫 집 20만 호 공급(민간개발 연계형, 국공유지 활용형) – 민간개발 연계형은 민간 재건축, 재개발 사업의 용적률 상향(500%)을 통해 증가 용적률(약 200%)의 절반을 공공분양주택으로 기부채납 받아 청년, 신혼부부에게 반값으로 분양 – 국공유지 활용형은 역세권에 위치한 철도차량기지, 빗물펌프장, 공영주차장 등의 도시계획시설 부지를 입체복합개발해 상부를 주택건설용지로 활용하여 공공분양주택을 반값으로 분양 • 청년층에게 주거 안정과 자산형성의 기회를 제공, 결혼 및 출신을 장려하고 중산층으로의 성장을 지원

라 했을 때 청년들은 20%인 6,000만 원만 납입하고 나머지 80%인 2억 4,000만 원은 장기대출로 지원하겠다는 것이다.

실제 2022년 2월, 서울주택도시공사(SH공사) 사장은 2014년 자료를 근거로 25평형 건설 원가는 1억 5,000만 원 수준이니 서울 강남에 5억 원, 기타 서울 지역은 3억 원에 분양이 가능하다고 확인시켜 줬다.

분양받은 후 매매차익을 얻고자 한다면 5년 이상 거주 후 국가에 매각하여 매매차익의 70%를 받을 수 있도록 해준다. 예를 들어보자. A씨가 서울에서 청년원가주택을 3억 원에 분양받았다고 해보자. 이때 준비했던 자금은 20%인 6,000만 원이고 나머지는 대출금으로 처리했다. 5년 후 시세가 7억 원 된다면 A씨는 국가에 7억 원에 매각하고 발생한 차익 4억 원의 70%인 2억 8,000만 원을 받을 수 있게 된다. 연 3%의 이자율이 적용되었다면 그간 납입한 이자액은 2억 4,000만 원×이율 연 3%×5년=3,600만 원.

국가 입장에서 필요한 자금은 어느 정도일까? 주택은 원가에 공급하니 별도의 재정지원은 필요하지 않다. 5년 후 시세가 상승하면 정부가 매입하여 판매하면 또 별도의 재정지원이 필요하지 않다. 필요한 것은 청년에게 지원하는 장기대출에 필요한 재원일 것이다. 금융권에서 일반적으로 적용하는 주택담보대출 금리와 저금리 대출의 차이만큼은 정부에서 지원되어야 하는데 최대 2% 내외가 되지 않을까 싶다. 계산해보면 시중은행의 일반적인 대출을 해준다면 연 5%가 적용되고, 정부의 장기 저금리는 연 3%가 적용된다고 하면, 주택 한 채당 2,400만 원의 국가재정이 필요하다. 30만 호×2,400만 원=7조 2,000억 원 필요하다고 보면 된다.

역세권 첫 집 20만 호 공급

민간의 주택 건설에는 용적률을 500%까지 올려서 그중 200%는 국가로 귀속시켜 청년과 신혼부부에게 주택을 공급한다는 것이고, 국공유지 활용형은 도시계획 시설과 철도차량기지 등 국공유지에 주택을 짓는다는 계획이다.

공약을 처음 접할 때 개인적으로는 과연 도시계획 시설에 입체적으로 집을 지어 올릴 수 있을까 하는 의구심이 들었다.

경쟁 후보였던 이재명 후보 역시 고속도로 지하화를 공약했고, 실제 경부고속도로의 지하화 공사가 진행되고 있는 사진을 보며 복합개발이 실제로 가능하고 실현 가능성이 높다는 생각을 하게 되었다. 항상 그러하듯, 재정을 생각해봐야 할 텐데, 민간에서 기부채납(무상 공급) 받는 것은 별도의 재정이 필요하지 않을 것이고, 국공유지 활용형은 토지 소유권이 국가에 있으므로 건설비만 충당하면 될 것이다. 복합개발에 필요한 비용을 정확하게 추산할 수 없으나 일반 토지에 25평형 아파트를 건설하는 원가 1억 5,000만 원을 고려하면 대략 15조 원(10만 호×1억 5,000만 원)이 소요될 것으로 예상된다.

정리해보자. 청년원가주택 재원 7조 2,000억 원과 역세권 첫 집 총 15조 원 이렇게 22조 2,000억 원으로 50만 호를 공급할 수 있다. 단순 계산해보면 집 한 채 지원해주는데 비용은 5,000만 원 정도 된다고 볼 수 있다. 가성비 좋고, 50만 명에게 만족스러운 주거지원을 해주는 공약이라 판단된다.

부동산 세제 정상화

부동산 세제 정상화의 기본적인 아이디어는 공약집에서 문제의식을 가졌던 바와 같다. 보유세 징수액이 과다할 정도로 높고, 징벌적 세 부담의 전가로 세입자들에게도 큰 피해가 미치고 있다는 인식에서 부동산 세제 정상화 공약이 만들어졌다.

집주인은 주택으로 인해 세금 부담이 높아지면 이에 따른 부담을 세입자에게 전가하게 된다. 재산세가 많아서, 종부세가 부담스러워서 어쩔 수 없이 전세보증금을 올리거나 월세로 돌리게 되는 것이다. '보유세가 부담스러우면 그냥 집 팔면 되는 거 아니냐'라고 주장하는 것은 옳은 접근방법이 아니다. 누군가 다른 사람이 그 집을 사면 또 보유세 부담 때문에 세입자에게 그 부담을 또다시 전가할 것이기 때문이다. 회사에서 이사가 부장에게 화를 내면 그 화가 나에게까지 내리사랑으로 내려오는

[4-8] 부동산 세제 관련 공약

현재

- 우리나라 GDP 대비 부동산 관련 세금 징수액은 OECD 국가 중에서 최상위권에 속하고 거래세는 가장 높은 나라 중 하나이며 보유세 징수액도 최근 급격히 증가하고 있음
- 문재인 정부의 부동산 세제 강화로 무주택자의 주택 구매와 유주택자의 주거 상향 이동이 어려워지고 계속 거주하려는 유주택자의 보유세 부담이 늘어났으며 징벌적 세 부담의 전가로 세입자들에게도 큰 피해가 미치고 있음

약속

- 부등산 세제 전반의 정상화 방안 추진(TF 구성)
  - 부동산 세제를 부동산 시장 관리 목적이 아닌 조세 원리에 맞게 개편하고, 보유세는 납세자들의 부담 능력을 고려하여 부과 수준과 변동 폭 조정
- 부동신 공시가격
  - 공정시장가액비율 조정을 통해 부동산 공시가격을 2020년 수준으로 환원
  - 공시가격 산정 근거와 평가 절차를 투명하게 공개
  - 지자체에 공시가격 검증센터를 설치, 중앙정부 공시가격 상호검증
  - 향후 공시가격 현실화 추진계획 재수립
- 종합부동산세
  - 지방세인 재산세와 장기적으로 통합 추진
  - 공정시장가액비율을 현재 수준인 95%에서 동결
  - 1주택자 세율을 문재인 정부 출범 이전 수준으로 인하
  - (1주택자, 비조정지역 2주택자) 150% → 50%, (조정지역 2주택자, 3주택자, 법인) 300% → 200%로 세 부담 증가율 상한 인하
  - 1주택 장기보유자에 대해 연령과 관계없이 매각·상속 시점까지 납부 이연 허용
  - 보유주택 호수에 따른 차등 과세를 가액 기준 과세로 전환

- 양도소득세
  - 다주택자에 대한 중과세율 적용을 최대 2년간 한시적으로 배제하고 부동산 세제의 종합 개편 과정에서 다주택자 중과세 정책 재검토
- 취득세
  - 1주택자의 원활한 주거 이동을 보장하기 위해 1~3%인 세율을 단일화하거나 세율 적용 구간 단순화
  - 단순 누진세율을 초과누진세율로 전환
  - 생애 최초 주택 구매자에 대해 취득세 면제 또는 1% 단일세율 적용
  - 조정지역 2주택 이상에 대한 누진 과세 완화

것과 비슷하다. 집주인들은 세 부담을 세입자에게 전가할 수 있기 때문에 자신들은 부담을 안 지려 한다. 규제 완화에 대한 공약은 세입자 부담 경감과 함께 양도세 부담으로 매물 잠김이 일어나는 현상을 막고자 준비된 공약이다.

세금에 대한 개정은 '세법' 자체가 개정되어야 가능한 일이기 때문에 아직 변수가 많다. 세금을 어떻게 바꿀 계획인지 공약을 통해 확인해보기로 하자.

종합부동산세 – 축소 또는 폐지

종합부동산세는 부동산 보유에 대해 징벌적으로 부과하는 성격을 가지고 있다. '필요 없는 부동산을 가지고 있으니 세금을 내라'고 하는 식이다. 종합부동산세에 위헌소송이 제기되는 이유 역시 보유세인 재산세

가 있는데 또 보유세를 내야 하느냐 하는 이유 때문이기도 하다.

종합부동산세에 대해 윤석열 정부는 부담을 낮추는 방향으로 바꾸려한다. 종합부동산세는 기본적으로 세 가지 변수에 의해 결정된다. 공시가격과 공정시장가액비율 그리고 세율이 그것이다. 공시가격은 과세의대상이 되는 주택의 가격이고 공정시장가액비율은 공시가격의 비율을가리킨다. 2022년 1월 기준 재산세는 60%, 종부세는 100%를 적용한다.즉 재산세는 공시가격의 60% 정도만 세금을 매기는 것에 비해 종부세는 공시가격 100% 그대로 반영해서 계산한다.

윤석열 정부가 바꾸고자 하는 것은 우선 공정시장가액을 동결시키겠다는 것이다. 공시지가가 그대로 반영되면 세 부담이 너무 늘어나기 때문에 급한 대로 공정시장가액부터 동결시켜 세 부담이 급격하게 늘어나는 것을 방지하고자 한다. 참고로 2022년 3월 발표된 공동주택 가격 안을 보면 서울 14% 상승을 비롯해 전국이 17% 상승한 모습을 보였다. 문재인 정부에서도 아차 싶었던지 공시가격을 2020년 수준으로 한시적 적용하는 이해하기 어려운 조치를 취한 바 있다.

양도소득세 – 다주택자 중과세 정책 재검토

양도소득세는 일명 '양포세(양도세 포기한 세무사)'를 양산할 정도로 복잡했다. 필자의 학교 선배인 현역 세무사는 자신의 동료 세무사 중에 양도세 상담을 잘못해주었다가 1억 원에 가까운 돈을 고객에게 변상해야했던 실제 사례가 있다며 세무사들이 양도소득세 상담을 기피하는 이유를 설명해주기도 했었다. 윤석열 정부는 양도소득세에 대해 다주택자 중과세율 배제와 전면 재검토를 공약했다.

언뜻 보기에는 다주택자 투기꾼들에게 빠져나갈 구멍을 만들어주는 것이라 비판할 수도 있다. 그런데도 이렇게 양도소득세를 전면 재검토하는 이유는 바로 매물 잠김을 방지하기 위함이다. 즉 양도소득세가 너무 높으면 다주택자들이 세금 부담 때문에 집을 팔 수 없고 매물이 없는 공급 부족으로 인해 주택 가격이 더 가파르게 상승한다는 판단에 근거한다.

양도세가 높으면 매물 잠김 현상이 발생한다는 것은 부동산에 조금이라도 관심이 있는 사람이라면 쉽게 알 수 있는 내용이다. 우리도 그렇고 관료들도 그러하다. 그런데도 양도세가 자꾸만 높아져 간 것은 양도세 중과세는 진보진영의 '착한 부동산 규제'였기 때문이다. 다주택자 투기꾼들을 때려잡으려면 징벌에 가까운 양도세 중과를 통해 본때를 보여야 했기 때문이고, 그들의 지지자들을 속 시원하게 만들어주어야 했기 때문이다. 뉴스에서 집을 팔았더니 70%, 80% 세금을 내야 했다는 이야기를 전해줘서 무주택자들의 울분을 풀어주고, 뭔가 정의를 실현하는 듯한 그림을 보여주어야 했기 때문이다.

실제로 양도세를 높일수록 집값은 높아져 갔음에도 불구하고 문재인 정부의 정치인들은 누구도 이러한 사실을 말하지 않았다. 잘못 이야기를 꺼냈다가 역풍을 맞고 지지자들의 항의를 받을 것이 두려웠을 것이다. 진보진영의 정치인이 "다주택자들에게 더 고통을 줘서 못 견디고 집을 내놓게 해야 합니다"라고 한다면 그는 다음 선거에서 공천도 받고 당선도 될 수 있는 확률이 높아진다. 옳고 그름을 따지는 부동산 정책에서 감히 차가운 실증적 접근을 한다는 것은 더 이상 진보진영에서 정치를 하지 않겠다는 뜻이다. 그래서일까. 누구도 임대차 3법의 부작용과 양도세 중과의 부작용을 드러내놓고 이야기하지 않았다. 대신 희생양으로 부동산 비전문가인 김현미 장관을 앞세워 모든 비난을 감당하도록 했다. 욕먹기 싫은 정치인들과 그들의 욕받이가 된 김현미 장관, 아름다운 동행이었다.

윤석열 정부는 다주택자에 대한 양도세 중과세를 우선 한시적으로 유예하고 이후 기회를 봐서 폐지할 것으로 예상된다. 이 과정에서 야당과 여당이 합의를 봐야 하는데 절대 쉽지 않을 것이다. 그런데도 주택이 순조롭게 공급되고 가격이 안정되는 모습을 보이면 윤석열 정부는 힘을 얻어 다주택자 양도세 중과세를 폐지할 수 있을 것이다.

취득세 – 중과세 완화

시세 5억 원의 집을 살 때 세금 관련해서 중요한 것이 있다. 주택 구매자가 몇 채의 집을 이미 가지고 있는가의 문제다. 무주택자냐, 1주택자냐 아니면 2주택, 3주택자냐에 따라 적용되는 취득세가 달라진다. 심지어 법인이 주택을 매입할 땐 일괄적으로 12%가 적용된다.

이해하기 어렵다. 무주택자에 대해 부담을 줄여주는 것은 배려와 지원의 차원으로 이해할 수 있지만 다주택자에 대해 과중한 세금을 부담하도록 하는 것은 '부자 때려잡기'일 뿐이다. 속 시원하게 기분은 좋게

주택 수	조정대상지역	비조정대상지역
1주택 (지역구분 없음)	6억 원 이하	1%
	6억 원 초과~9억 원 이하	1.01~2.99%
	9억 원 초과	3%
2주택	8%	1~3%(1주택과 동일)
3주택	12%	8%
4주택 이상	12%	12%

＊ 법인은 주택수·지역구분 없이 일괄 12%

해주지만 실제로 도움이 되지는 않는다. 다주택자들이 여러 채의 집을 가지고 있으면서 그 집들을 다 사용하지는 않는다. 실거주하고 있는 주택 이외에는 전세나 월세로 내놓는다. 주택임대시장 공급자로 활동하는 것이다. 이러한 공급자들에게 세금을 부과한다면 결국 그 부담은 다시 세입자에게 전가될 수밖에 없고 전월세 가격 상승의 요인으로 작용하게 된다.

윤석열 정부는 이러한 취득세 중과의 부작용을 파악하고 이에 대한 대책을 세웠다. 부동산 공약에 따르면 취득세 체계를 단순화시키고 2주택 이상에 대한 누진 과세를 완화시키겠다고 한다. 향후 어떠한 취득세 체계로 변경될지 쉽게 예상할 수는 없지만 공약이 반영된다면 조정지역, 비조정지역과 같은 지역구분이나 주택 수와 상관없이 주택의 가격별로 세율이 달라지는 방향으로 변경될 것으로 기대해 볼 수 있다.

임대차 3법 전면 재검토

2020년 7월 30일부터 정부는 이른바 임대차 3법을 전격 시행했다. 임대차 3법이란 '전월세신고제', '전월세상한제', '계약갱신청구권제' 등을 핵심으로 하는 법안이다. 이중 가장 영향력이 강했던 것은 계약갱신청구권제였다. 짧게 요약하면 기존 전월세 계약에서 보장해주던 2년의 거주기간에 더해 1회 계약을 연장할 수 있게 해주는 법이다. 즉 기존 2년에서 변경 2+2년으로 총 4년의 거주기간을 보장해주는 것이 주요 내용이다.

임대차 3법의 문제점

윤석열 대통령은 공약집에서 임대차 3법의 최대 문제점은 주택임대시

[4-10] 임대차 3법 관련 공약

현재
• 주택임대시장의 작동원리를 무시한 임대차법 개정, 다주택자들에 대한 과도한 중과세 등 현 정부의 정책 실패로 임차 가구의 주거 안정 악화 • 2020년 7월 계약갱신청구권과 전월세 상한제 등 임대차 3법이 시행되면서 전월세가 급등하고 전세 매물이 감소 • 임차인 거주 여부와 임대차 계약 만료 시점에 따라 전세보증금과 매매 가격이 차등화되는 등 시장 질서의 혼란 야기 • 다주택자에 대한 종부세가 대폭 인상되자, 세금 인상분이 전월세에 전가되어 임차 가구의 임차료 부담 상승

약속
• 임대차법 전면 재검토 　– 임대차 3법의 적절한 개정과 보완 장치 마련을 통해 임대차 시장의 왜곡을 바로잡고 임차인 권익 보호 • 등록임대사업자 지원제도 재정비 　– 시장 여건을 고려하여 매입임대용 소형 아파트(전용면적 60m² 이하) 신규 등록을 허용하고 종부세 합산과세 배제, 양도소득세 중과세 배제 등 세제 혜택 부여 　– 임차료 인상률을 임대차법이 정한 인상률 상한 이하로 제한하여 임차인의 임차료 부담 완화

장의 작동원리를 무시했다는 것이라 지적했다. 임대차 3법으로 전월세 가격이 급등하고 임대 물건이 감소했다는 것이 그 근거다. 문제를 정확하게 짚었다. 계약갱신청구권은 기존 세입자에게 2년의 거주기간을 연장해줌으로써 거주의 보장을 실현하기는 했다. 세입자들 입장에서는 다른 지역의 전월세가 많이 올랐으니 최대 5% 상승분만 부담하면 되는 현

상태 유지가 가장 합리적인 선택이었을 것이다. 이러한 합리적인 선택들이 모여 전월세 가격 상승을 불러왔다. 다주택자에 대한 과중한 세금 부담이 매물 잠김을 불러일으켰듯, 계약갱신청구권은 임대 물건 잠김을 불러일으켰다.

기존 주택에 거주하고 있는 세입자들이 이동을 하지 않으니 전세 매물이 부족해지고, 매물이 부족하니 가격이 오른다. 이렇게 오른 가격은 실거래가 시스템에, 네이버 매물에 등록되어 시세로 등록되고 다시 이 시세보다 더 비싼 값을 주어야 전세로 입주할 수 있는 악순환이 시작되었다.

임대차 3법 시행 이후 매매 가격 상승은 전세 가격 상승에 따른 영향이 크다. 전세 가격이 매매 가격을 따라가면 차라리 집을 사는 게 낫겠다는 수요가 발생한다. 그런데 매물은 잠겨있고 실거래가는 높게 기록되어 있으니 그보다 더 높은 값을 줘야 주택을 매입할 수 있다. 집주인들 입장에서는 전세 가격이 급등하고 매매 가격도 이에 따라 급등하니 굳이 매물로 내놓을 필요가 없는 상황이다. '세금도 높은데 누구 좋으라고?' 대부분 이런 식이었다.

임대차 3법을 폐지할 수 있을까

윤석열 정부는 임대차 3법의 완전한 폐지가 오히려 세입자의 주거 안정에 도움을 준다는 입장이다. 그런데도 폐지는 금방 될 것으로 보이지는 않는다. 법을 폐지한다는 것은 국회의 동의가 있어야 하기 때문이다.

상대 진영의 국회의원들은 '부자들만을 위한 임대차 3법 폐지 반대' 이러한 주장을 할 것이다. 오랫동안 볼 수 없었던 필리버스터가 등장할 것이고, 진보진영의 SNS에는 감성을 자극하며, 전세 기간 보장을 받지 못해 불행을 겪고 있는 가정과 그 가족들의 손을 꼭 붙잡고 '임대차 3법 지켜내겠습니다'라고 써진 감성적인 사진이 자리를 차지할 것이다.

따뜻한 마음이나 감성적인 접근 없이 순수하게 차가운 논리로 접근하자면 임대차 3법, 특히 계약갱신청구권은 폐지되는 것이 맞다. 4년의 전월세 기간을 보장함으로서 집주인들이 4년 이후의 예상 전세보증금을 지금 요구하게 되었기 때문이다. 한 번 전세를 놓으면 4년 후에 새로운 세입자를 받을 수 있으니 집주인들에게는 4년 이후 전세보증금을 미리 반영하는 것이 합리적 선택이었다.

세입자들에게 계약갱신청구권은 주거를 보장해주는 고마운 제도일까? 적어도 2020년부터 2022년까지는 그러했다. 1회에 한해 전세 기간 2년 연장을 법에서 보장해주기 때문이다. 본격적인 문제는 2022년 7월 30일부터 시작될 것이다. 계약갱신청구권의 보호를 받지 못하는 세입자들이 너무나 급격하게 올라 버린 가격으로 전세를 얻어야 하기 때문이다. 이 와중에 대출이자는 상승하여 기존에 비해 부담은 훨씬 더 클 수밖에 없다. 전세 가격이 올라서 기존보다 대출을 더 많이 받아야 하고, 대출이자는 올라서 부담은 더 늘어나는 상황이 2022년 하반기부터 본격적으로 시작되는 것이다.

진보진영에서는 이러한 예상 문제점에 대해 임대차 3법을 좀 더 강화해서 2+2년이 아닌 2+4년 또는 2+6년으로 기간을 연장함으로서 문제를 해결하고자 했다. 만일 이러한 연장안이 시행된다면 '학습효과'로 인해 6년, 8년 후의 예상 전세보증금이 미리 반영되어 더 큰 폭의 전세 가격 상승을 경험해야 했을 것이다.

윤석열 정부의 첫 부동산 대책은 '상생임대인' 제도를 통해 계약갱신 청구권의 부작용을 우선 급한 대로 진정시키고자 하는 방향이다. 임대료를 급하게 올리지 않는 집주인에 대해 세금혜택과 완화된 규제를 적용함으로써 전월세 가격의 안정을 유도하는 방안이다(자세한 내용은 7장에서 살펴보도록 하겠다).

불합리한 청약제도 개선

주택청약제도는 젊은 세대, 신혼부부들에게 대단히 불리한 제도다. 아파트 당첨에 있어 점수가 높을수록 당첨 확률이 높아지기 때문에 어르신들, 부양가족이 많은 가정에 절대적으로 유리하기 때문이다.

무주택 기간은 만 30세부터 계산이 시작되고, 1인 가구 또는 신혼부부에게 자녀가 많을 리도 없다. 청약저축 가입 기간 역시 미리 신경 쓰지 않으면 충분한 기간을 가지기 어렵다. 이론적으로 청약 가점제에서 만점을 받으려면 만 나이 45세 이상이고 부양가족은 본인 제외 6명이어야한다. 청약저축 가입 기간을 보면 15년 이상이어야 만점이다. 어느 항목하나 젊은 세대가 좋은 점수를 받을 수 있는 상황이 아니다.

윤석열 정부의 공약은 이처럼 젊은 세대에게 불리한 청약가점제도를 개선하겠다는 것이다. 32평형 이하 주택에 대해서는 기존에 청약가점제

[4-11] 청약제도 개선에 관한 공약

현재
• 2017년 8.2 대책에서 수도권 공공택지와 투기과열지구 일반공급의 가점제 비율을 75%에서 100%로 확대
• 이로 인해 내 집 마련을 위해 분양주택을 청약하고자 하는 무주택 2030 미혼 남녀와 신혼부부들은 청약 기회가 원천 봉쇄 (85m² 이상만 청약 가능)
• 2021년 말에 1인 가구에도 생애 최초 주택 구입자 특별공급 청약 기회를 부여하였으나 매우 제한적이라 실효성이 낮음

약속

• 불합리한 청약제도 개선

현행(서울기준)		개선(안)	
		60m² 이하	가점제 40% 추첨제 60%
85m² 이하	가점제 100% 추첨제 0%	60~85m²	가점제 70% 추첨제 30%
85m² 초과	가점제 50% 추첨제 50%	85m² 이상	가점제 80% 추첨제 20%

- 청약제도에 1~2인 가구 거주에 적합한 소형주택(60m² 이하) 기준 신설
- 1인 또는 신혼부부 등 2030 세대에게 적합한 주택규모에 추첨제를 부활하여 내 집 마련 가능성을 높이고, 이를 바탕으로 주거 상향 이동과 자산축적 기회 제공
- 또한 장기간 청약 기회를 기다려 온 가구원 수 3~4명 이상인 무주택가구를 위해 85m² 초과 주택의 당첨 가능성을 높일 수 있는 가점제 확대

• 군 제대 장병에게 청약가점 5점 부여

100%를 적용하여 오로지 점수로만 분양하던 것을 청약가점제 70%, 추첨제 30%로 변경하여 젊은 세대에게 추첨의 기회를 넓혀주겠다는 계획

이다. 기존에 높은 점수를 보유하던 사람들의 불만이 높아지는 것을 방지하기 위해 32평형 이상의 아파트에 대해서는 기존 청약가점제와 추첨제로 반반 나누던 비율을 조정하여 가점제 비율을 30% 늘리도록 조정한다. 세대별로 구분하여 젊은 세대는 중소형 주택의 당첨 확률을 높이고 장년 세대는 중대형 주택의 당첨 확률을 높임으로써 세대 간의 갈등을 미리 방지한 개선안이라 볼 수 있다.

MZ세대로 일컬어지는 젊은 세대가 점차 유권자로서의 파워를 나타내면서 청약제도에서도 젊은 세대를 위한 정책이 만들어진 것이다.

주택 대출 규제 완화를 통한 주거사다리 복원

윤석열 정부는 주택 금융 제도 역시 개선할 의지를 가지고 있다. 관련 공약의 핵심 내용은 무주택자 생애 최초 주택 구입에 대해서는 LTV 80%까지, 생애 최초가 아닌 무주택자에 대해서는 LTV 70%까지 적용할 수 있도록 해준다는 것이다.

2022년 5월 현재, LTV는 서울의 경우 9억 원 이하에 대해 40%, 9억 원 초과인 경우 20%만 적용된다. LTV는 주택담보대출을 받을 수 있는 총액의 한도인데 여기에 DTI, DSR 등 소득과 신용에 의해 대출받을 수 있는 금액이 결정된다. LTV를 비롯해 DTI, DSR 등은 주택을 담보로 대출해주는 것이기 때문에 원칙적으로는 주택 자체의 금액이 유일한 기준이 되어야 한다. 은행 입장에서도 대출금의 원금과 이자를 상환받을 수 있는지를 판단할 때도 마찬가지여야 한다.

[4-12] 주택 대출 관련 공약

현재
• 문재인 정부의 부동산 정책 실패로 주택 가격이 폭등하여 청년, 신혼부부들이 부모의 도움 없이 저축만으로 내 집 마련하는 것이 불가능한 상황 • 자산형성 기간이 짧은 청년, 신혼부부들은 금융 지원이 필수임에도 지나친 규제로 주택 구매와 주거 상향 이동을 제약하고 있음

약속

• LIV 규제의 합리적 개편
  – 생애 최초 주택 구매 가구의 LIV 상한을 80%로 인상하여 자산이 부족한 청년, 신혼부부 등의 내 집 마련 기회 확대
• LIV 규제를 단순화하고, 주택 수에 따른 규제방식으로 전환
  – 생애 최초 주택 구매 가구가 아닌 경우 LIV 상한을 지역과 관계없이 70%로, 단일화하여 실수요자의 주거 상향 이동을 위한 주택 구매 수요 충족
  – 다주택 보유자에 대해서는 보유주택 수에 따라 LIV 상한을 40%, 30% 등으로 차등화
• 신혼부부 또는 생애 최초 주택 구입자 내 집 마련 금융 지원 강화
  – 신혼부부 4억 원 한도에서 3년간 저리 금융 지원(출산 시 5년까지 연장)
  – 생애 최초 주택 구입자(신혼부부 아닌 경우) 3억 원 한도에서 3년간 저리 금융 지원
• 청년, 신혼부부 전세대출 및 대출 상환이자 지원
  – 신혼부부 전·월세 임차보증금 대출을 보증금의 80% 범위에서 수도권 3억 원, 그 외 지역 2억 원까지 상향 조정하고 저리 자금을 2년간 지원(4회 연장, 최장 10년 이용 가능)
  – 일정 소득 이하(중위 소득 120% 이하) 청년층에 대한 임차보증금 최대 2억 원을 저리 자금으로 2년간 지원(4회 연장, 최장 10년 이용 가능)

문재인 정부는 지역별로 LTV의 상한선을 달리 설정함으로써 수요를 억제하고자 했다. 규제지역은 LTV를 최대 40%까지만 설정하고 비규제

지역은 LTV 70%까지 대출이 가능하도록 했기 때문에 투자 수요가 비규제지역까지 몰린 결과를 낳았다. 비규제지역이라는 것이 가격 상승의 유일한 원인이 되는 비합리적인 상황이 계속 되었던 것이다.

윤석열 정부는 서울 지역에도 최대 LTV 80%까지 적용할 수 있도록 규제를 완화함으로써 내 집 마련에 도움을 준다는 계획이다. 여기에 더해 신혼부부와 생애 최초 주택 구입자에 대해서는 저금리로 대출을 받을 수 있게 해줌으로써 대출의 부담도 줄여준다는 계획도 동시에 가지고 있다(실제 2022년 5월 말, 정부는 민생안정 대책으로 하반기부터 LTV 80% 적용 계획을 발표했다).

LTV를 완화시킴으로써 주택 매입이 활성화되고 주택 수요가 늘어나 가격이 오르지 않을까 염려될 수도 있다. 윤석열 정부는 다주택자가 아닌 무주택자 위주로 혜택을 줌으로써 주택 가격 상승을 조절하려는 계획이다.

LTV 등의 금융 규제는 일괄적으로 주택 구매를 어렵게 해서 현금 부자들만 주택을 추가 구입할 수 있게 되는 역효과를 낳았다. 주택 가격이 상승함에 따라 현금 부자들만 혜택을 입었던 것이다. LTV 규제 완화는 어느 한 계층만 이익을 보고 나머지는 상대적 박탈감을 느끼는 일을 줄여줄 수 있을 것으로 예측된다.

외국인의 투기성 주택 거래 규제

주택 거래에 있어 외국인이 좀 더 혜택을 받는 불공정한 상황에 대응한 공약이다. 외국인의 아파트 취득 현황을 보면 2021년 기준, 중국 국적 보유자가 전체 외국인 거래의 60%를 차지하고 있다.

참고로 우리나라 주택은 중국 국적의 외국인이 살 수 있는데, 중국의 주택은 대한민국 국민은 살 수 없다. 또한 우리나라 사람은 주택을 구매할 때 지역별로, 소득별로 부동산 담보대출을 받을 수 있는 한도가 축소되는 데 비해 외국인의 경우 담보대출에 있어 제약이 거의 없다. 오히려 대한민국 국민이 역차별을 받는 상황이다. 누가 봐도 공정하지 않다.

이러한 불공정이 그동안 계속될 수 있었던 것은 그간 중국과의 외교적 관계 때문에 규제를 할 수 없었던 것으로 볼 수 있다. 윤석열 정부는 중

[4-13] 외국인 주택 거래 관련 공약

현재

• 2021년 외국인의 아파트 취득은 2010년에 비해 5배 증가하였고, 중국인의 경우는 2010년의 27배 초과(국적별 비중은 중국 60.3%, 미국 18.1%, 캐나다 9.2% 순)
 • 외국인의 국내 아파트 구입 시, 내국인 대비 규제 강도의 차이가 존재
    – 내국인의 주택 취득은 금융 규제로 많은 제약이 있으나, 외국인들은 자국 금융회사를 통해 취득 금액 대부분을 조달할 수 있음
    – 또한 다주택 여부 확인이 불가능해 취득세와 양도소득세 중과가 불가능
 • 선진국들에서도 특정 도시 및 지역의 이민자 유입 증가로 부동산 가격이 폭등하자 외국인 부동산 취득에 대한 조세 및 규제를 강화하는 추세

약속
• 비거주 외국인 주택 거래 허가제를 도입하여 외국인 주택투기 방지   • 외국인 주택 거래 자금출처 조사를 내국인과 동일하게 적용해 탈세 및 가상화폐 활용한 환치기 방지   • 외국인의 투기성 부동산 취득에 적절하게 대응하기 위해 지역별, 용도별 유형별 보유현황에 대한 구체적인 조사 및 데이터 구축

국과의 외교관계에서 대등한 관계를 유지하려는 방향이기 때문에 '상호호혜주의' 즉, 중국이 우리나라 부동산을 살 수 있다면 우리나라 역시 중국 부동산을 살 수 있도록 해야 한다는 입장이다. 중국은 부동산 거래 자체가 안되는 나라이기 때문에 중국 국적을 가지고 있으면 우리나라 부동산을 구매하는 데 제약이 있어야 한다는 점은 당연하다.

외국인 주택 구매를 제한한다는 것은 실제로 수요가 억제되고 부동산 가격 안정화에 큰 효과를 기대하기는 힘들다. 그런데도 이렇게 외국인의 투기성 주택 거래를 제한하겠다는 공약을 제시하는 것은 윤석열 정부의 공정과 상식이라는 기준에 현재 상황이 부합하지 않기 때문이라 할 수 있다.

서민 주거비 부담 경감

서민 주거비 부담을 줄여준다는 공약은 전세와 월세에 대한 소득공제를 확대함으로써 세금 부담을 줄여주겠다는 방향이다. 전세에 대해서는 대출 원리금 상환액의 소득공제율을 40%에서 50%로 높이고 월세에 대해서는 세액공제율을 2배로 상향조정 해준다고 한다. 아쉽게도 이 공약은 실효성 측면에서 큰 효과를 얻을 수 있을 것으로는 보이지 않는다. 혜택을 받는 월세액 한도가 월 63만 원에서 70만 원 정도로 높아지는 것 외에는 가시적인 효과를 기대하기는 힘들어 보인다. 공약이 없는 것보다는 낫겠지만 냉정하게 이야기해서 서민을 위한 특단의 대책이라 하기에는 무리가 있다.

[4-14] 서민 주거비 부담 경감에 관한 공약

현재

- 서울 아파트 전세 가격 상승률이 2년 연속 매매 가격 상승률 추월
  - 2020년 전세 가격 상승률(14.24%) 〉 매매 가격 상승률(13.81%)
  - 2021년 9월 기준, 전세 가격 상승률(9.97%) 〉 매매 가격 상승률 (9.74%)
- 최근 전세의 월세화 현상이 가속화되고, 월세 가격 상승 등이 나타나 저소득·서민가구의 주거비 부담이 가중
- 2021년 5월 기준 평균 월세 가격은 73만 원, 연간 약 876만 원으로 세액공제가 적용되는 월세액 한도(750만 원)를 상회. 월세액 한도를 현실화 할 필요
- 월세는 소득 중·하위가구의 대표적인 주거 임차 형태인 만큼 월세액 공제 확대는 중·하위가구의 주거비 부담 경감에 도움

약속

- 전세자금대출 원리금 상환액에 대한 소득공제 확대
  - 대상 : 무주택 세대의 세대주인 근로자로 국민주택규모 주택 임차인
  - 소득공제율 확대 : 40% → 50%
  - 공제액 한도 : 300만 원 → 400만 원(주택청약저축 공제액 포함)
- 월세 세액공제율 상향으로 서민·중산층의 주거비 부담 경감
  - 대상 : 총급여액 7,000만 원 이하(종합소득 6천만 원 이하) 무주택자
  - 주택요건 : 국민주택규모(85m²) 이하 또는 기준시가 3억 원 이하
  - 세액공제율 2배 상향 : 7,000만 원 이하(10 → 20%) / 5,500만 원 이하 12% → 24%)
  - 연 월세액 한도 : 750만 원 → 850만 원

주거 취약 계층 주거환경 보장

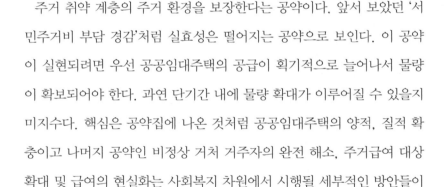

주거 취약 계층의 주거 환경을 보장한다는 공약이다. 앞서 보았던 '서민주거비 부담 경감'처럼 실효성은 떨어지는 공약으로 보인다. 이 공약이 실현되려면 우선 공공임대주택의 공급이 획기적으로 늘어나서 물량이 확보되어야 한다. 과연 단기간 내에 물량 확대가 이루어질 수 있을지 미지수다. 핵심은 공약집에 나온 것처럼 공공임대주택의 양적, 질적 확충이고 나머지 공약인 비정상 거처 거주자의 완전 해소, 주거급여 대상 확대 및 급여의 현실화는 사회복지 차원에서 시행될 세부적인 방안들이다. 부동산 시장에 직접적인 영향을 줄 만한 공약들은 아니라 판단된다.

대통령 후보 입장에서는 주거 취약 계층의 안정적 주거환경이라는 공약은 사회 전체적인 주거환경 개선을 위해 마련한 공약일 것이다.

[4-15] 주거 취약 계층 보호 관련 공약

현재
• 장기 공공임대주택 재고량은 169만 호(2020년)로 전체 주택재고량의 7.8% 수준
• 전체 가구의 3.7%가 상가, 공장, 여관, 고시원, 판잣집, 비닐하우스 등 열악한 비정상 거처 거주자
• 주거급여 대상자가 확대되고 급여 수준이 현실화하고 있지만, 여전히 사각지대가 존재하고 급여 수준이 낮음

약속
• 공공임대주택의 양적, 질적 확충
– 건설임대 중심으로 공공임대주택을 연평균 10만 호씩 50만 호 공급(호당 면적 규모를 확대하고, 도심 복합개발 등을 통해 수요가 있는 곳에 공급)
– 복합개발과 리모델링을 통해 노후 공공임대주택의 질을 개선
– 민간임대주택 공급량의 30%를 주거 취약 계층에 배정하는 대신(임대료는 시장가격의 2/3 이하) 사업자에게 각종 세금 감면 혜택 부여
– 체계적인 입주자 관리를 위한 통합시스템 개발과 대기자명부 제도 정착
• 비정상 거처 거주자의 완전 해소
– 임대보증금을 무이자로 대여하여 정상 거처로 이전
– 주거급여 외에 정상 거처 이전 조건부 바우처 지급(이사비 등에 사용)
• 주거급여 대상 확대 및 급여의 현실화
– 주거급여 대상자를 기준 중위 소득 46%에서 50%로 확대
– 주거급여 기준이 되는 기준임대료를 100%) 현실화하고, 기준임대료의 지역별 기준(현행 4개 급지)을 세분화하여 현실에 맞게 기준임대료 설정
– 주거비 일부라고 할 수 있는 관리비도 주거급여 일부로 산정 (생계급여와의 역할 조정)
– 최저주거기준 미달 가구에는 이사비 바우처 지급
– 청년 주거급여 지급 대상 확대(1인 가구 분리 기준 나이 인하)

대입제도의 투명성·공정성 강화

입시는 대한민국에서 가지는 의미가 매우 크다. 자녀가 좋은 대학에 가서 좋은 직장에 취업하는 것은 대한민국 거의 모든 부모들의 희망이기 때문이다. 그래서 부모들의 1순위 관심사는 아이들의 교육이다. 이런 이유로 입시제도와 교육은 부동산 가격에 큰 영향을 미치는 요인이다. 대학 수능 시험이 어려워지는 일명 '불수능'이면 학원가가 발달한 서울 대치동, 목동, 중계동 전세 가격이 급격한 상승세를 보이고 EBS 위주로 수능이 나온다고 하면 전세 가격 상승세는 약간 누그러진다.

입시에 대한 공정성이 일명 부모찬스를 사용하는 '수시모집' 위주로 바뀌면서 수능 시험의 난이도라던가 내신 점수에 대해 불신이 깊어진 상황이다. 윤석열 정부는 '공정'을 위해 정시 비율을 확대하고 입시 비리 처벌 강화를 약속했다. 요약하면 기존처럼 수능 성적으로 승부를 볼

[4-16] 대입제도 관련 공약

현재

• 2020학년도 대학입시에서 수시모집이 전체 모집 비율의 77.3%를 차지
  – 수시의 큰 비중을 차지하고 있는 학생부종합전형(학종)은 일명 '깜깜이' 전형으로 불릴
    정도로 공정성·투명성 문제가 제기되었고 '조국(자녀) 사태'로 정시 확대 여론이 60%를
    넘어섬
  – 교육부가 2019년 11월 말 대입제도 공정성 강화 방안을 발표했지만 복잡한 대입제도로
    학생과 학부모들의 불안감은 여전함

약속

• 대입제도의 투명성·공정성 강화로 부모찬스를 차단하고 사교육 등 외부 요인 최소화
  – 입시비리 암행어사제, 원스트라이크 아웃제, 대학정원 축소 등 벌칙 강화
  – 메타버스 기반 「대입 진로 진학 컨설팅」 제공
• 대학수학능력시험으로 선발하는 정시 모집인원 비율을 확대하고 대입전형도 단순화
  – 학생 충원의 어려움이 있는 지역대학과 예체능계 대학은 예외 적용
• 미래 교육 수요와 사회변화를 반영하는 새로운 대입제도 마련

수 있도록 하겠다는 뜻이다. 이에 따라 기존처럼 사교육이 발달한 지역의 전세 가격과 매매 가격은 영향을 받을 것으로 보인다. 사교육으로 유명한 서울의 3곳(대치동, 목동, 중계동)을 중심으로 전세 가격의 상승세가 다른 서울 지역 평균보다 더 높은 수준으로 상승하고 매매 가격도 상승하는 모습이 되지 않을까 싶다.

입시가 집값까지 연결되는 현재의 대한민국 상황이 정상적이라 느껴지지는 않지만, 교육을 통해 신분 상승이 가능한 우리의 현실을 고려할 수밖에 없다. 부모가 재산을 물려주지 못한다면 교육이라도 확실히 시켜주어야 하기 때문이다.

지금까지 윤석열 정부의 부동산 공약을 살펴보았다. 핵심을 요약하자면, '공정'과 '상식'이라는 가치를 부동산 공약과 연결 지어 제시했다. 무리한 수요 억제보다는 주택공급 확대와 규제 완화를 통해 개인들이 이전보다 조금 더 자신의 의지에 맞게 부동산 시장에 참여할 수 있게 하겠다는 공약들이라 볼 수 있다.

과연 앞으로 집값은 이러한 공약들에 어떠한 영향을 받을까? 부동산 가격을 예측하려면 부동산 자체의 요인에 더해 정책, 경제 상황을 함께 고려해야 한다. 다음 장부터는 윤석열 정부의 집값 상승요인과 하락요인에 대해 자세히 살펴보도록 하겠다.

Chapter 5

윤석열 정부,
집값 상승요인 6가지

개발 기대감의 상승

　윤석열 정부의 부동산 대책 핵심은 주택공급이다. 새로운 토지를 찾아 주택을 짓는 것과 동시에 기존 주택에 대해서도 재건축, 재개발, 리모델링을 해서 주택 수를 늘리겠다고 한다. 서울 전 지역에 개발 바람이 불게 되는 것이다. 심지어 재건축을 할 때 기존보다 용적률을 획기적으로 상승시켜 기존보다 더 높은 층수에 더 많은 가구가 들어올 수 있도록 해준다고 한다.

　윤석열 정부의 주택공급 확대 정책은 부동산 시장을 상승시킬 가장 강력한 요인이라 할 수 있다.

부동산개발은 곧 집값 상승이다

　부동산개발을 단순하게 생각하면 집값이 올라가는 것을 의미한다. 서울 강남의 대표적인 재건축 예정단지인 대치동 은마아파트를 보자. 1979년 지어진 은마아파트는 1996년부터 지금까지 계속 재건축 추진 중이다. 2022년 기준으로 26년째 재건축 호재가 있는 것이다. 실제 재건축이 되느냐의 여부와 상관없이 은마아파트의 집값에는 '개발 기대감'이 포함되어 있는 것이다. '저곳이 재건축되면 우리나라 최고의 단지가 될 것이다'라는 기대감은 '미래가치'로 표현되기도 하면서 집값 상승요인으로 작용했다.

　또 다른 재건축 예정단지인 잠실주공 5단지 아파트를 보자. 이곳 역시 은마아파트와 마찬가지로 1996년부터 26년째 재건축 추진 중이다. 주변 단지였던 잠실주공 1단지부터 4단지까지 재건축되어 잠실 엘스, 리센츠, 트리지움, 레이크팰리스로 변신하여 32평형 매매 가격이 23억 원에서 25억 원 내외로 형성되어 있다. 잠실주공 5단지는 더 오래된 아파트임에도 불구하고 27억 원에 시세를 형성하고 있다. 이미 지어진 옆 단지 새 아파트들보다 낡은 5단지가 가격이 더 높은 것은 재건축을 하면 인근 아파트들보다 더 좋은 아파트가 되리라는 기대감이 반영되어 있다고 볼 수 있다.

1기 신도시의 개발 기대감

　윤석열 후보가 대통령으로 당선됨과 동시에 1기 신도시들은 일제히 가격이 올랐다. 그동안 1기 신도시들은 분당을 제외하면 가격이 정체되어 있는 상황이었는데, 윤석열 대통령이 공약으로 내세웠던 1기 신도시 개발 특별법이 실제로 진행될 것이라는 기대감이 퍼지면서 가격이 상승한 것이다.

분당의 경우 1991년에 지어진 시범삼성아파트를 보면, 전용면적 171㎡가 2021년 초 17억 원에 거래되다가 윤석열 대통령 당선 후에 한 달도 지나지 않아 7억 9,000만 원 오른 24억 9,000만 원에 거래되기도 했다. 일산도 상승세를 얻어 지난 1994년 지어진 주엽동 강선 5단지 건영아파트 전용면적 147.8㎡는 22년 3월 29일 전고가 7억 7,000만 원보다 1억 원 오른 8억 7,000만 원에 거래되기도 했다.

윤석열 대통령 당선 후 취임 전까지 부동산 시장은 개발 기대감으로 가격이 상승하고 매물도 줄어드는 모습을 보였다. 개발사업 추진으로 가치가 상승하고 점점 더 오를 것이라는 기대감이 반영된 것이다.

윤석열 정부가 공약한 내용이 실제로 추진되고 있지도 않음에도 부동산 시장에서 재건축 대상 아파트와 1기 신도시 지역을 중심으로 가격이 상승하는 모습을 보인다. 이와 같은 상승세가 과열 양상을 보임에 따라 서울시는 서울 일부 지역에 토지거래 허가구역을 연장함으로써 상승세를 진화하려고 애쓰는 모습을 보이기도 한 것이다.

서울 지역을 비롯하여 전국의 부동산 가격 흐름을 살펴보면 일정한 패턴이 있다. 우선 서울이 강남의 재건축 단지 위주로 상승세를 보이면 서울 한강 근처 지역이 상승세를 이어받는다. 이후 서울 전 지역으로 상승하다가 인근 수도권으로 가격 상승세가 번진다. 이후 전국 주요 도시들이 상승하기 시작하는 것이 일반적인 패턴이다.

윤석열 정부에서 서울 강남 재건축 예정 단지들이 상승세를 이어 나갈 것은 쉽게 예상해 볼 수 있다. 문재인 정부와 고 박원순 서울시장 시절에는 이러저러한 이유로 재건축 사업 자체의 추진이 막혀있었지만, 윤석열 정부는 재건축을 적극적으로 추진해서 주택공급을 늘리겠다는 것이 공약이기 때문이다.

여기에 더해 서울 주변의 1기 신도시들 역시 서울 강남과 별개로 독립적인 상승세를 이어 나갈 것으로 예상된다. 1기 신도시 특별법이 본격적인 논의를 하기 전부터 개발에 대한 기대감이 값을 올리고 있는 모습이다.

교통이 좋아진다거나 주택을 새로 건설하는 등 개발사업이 진행되면 부동산의 가치가 상승하고 이에 따라 가격이 상승하게 된다. 윤석열 정부는 각종 개발사업을 약속했다. 아파트 지역에는 재건축과 리모델링을, 노후 단독주택이나 다세대주택 지역에는 재개발을 해주겠다는 것이 공약이었다. 서울 전체가 새로 주택을 짓고 개발이 진행될 예정이다. 이러한 개발사업이 진행된다는 것은 결국 부동산 가격의 상승요인이 될 수밖에 없다.

매몰비용의 오류와 앵커링효과

부동산이 주식과 다른 점 중 하나는 '거래가 매우 불편하다'라는 것이다. 주식은 마우스를 몇 번 터치하는 것으로 쉽게 거래할 수 있지만, 부동산은 중개업소를 통해 물건을 확인하고, 계약서를 작성하고, 계약금과 잔금을 받는 등 절차가 번거롭다. 이러한 불편함이 오히려 가격을 상승시키는 요인이 될 때가 많다. 팔기 귀찮아서 가지고 있었는데 계속 가격이 오르는 경험들을 많이 했기 때문이다.

손익에 대한 계산법도 심리적으로 약간 다르다. 가격이 떨어질 때 주식은 '손절'을 하는 경우가 많다. 더 떨어지기 전에 서둘러 팔아서 손실을 줄이는 것이다. 많은 주식 전문가들이 자신은 5% 하락 시 손절하는 것을 원칙으로 한다고들 한다. 그러나 부동산은 가격이 떨어질 때 손절하는 경우는 별로 없다. '그냥 내가 들어가 살지 뭐' 또는 '오를 때까지 계속 가지고 있으면서 버티자'라는 심리가 강하다. 부동산 가격이 상승할 수 있는 이유에는 이러한 심리적 요인도 작용한다.

가격 방어의 심리학 - 매몰비용의 오류

당신에게는 9억 원짜리 집이 있다. 처음 살 때에는 영원히 그 집에서 살기 위해 내부 인테리어도 하고 취득세와 같은 각종 세금 등의 추가 비용도 2,000만 원쯤 들었다고 하자. 불행히도 당신은 상투에서 집을 샀기 때문에 1년이 지난 현재 집의 시세는 7억 5,000만 원이다. 억울한 일이다. 집의 원가로만 따지면 집값 9억 원에 세금과 인테리어 등 각종 비용이 2,000만 원이 들었으니 적어도 9억 2,000만 원이 되어야 그나마 손해를 보지 않는 것인데, 가격이 올라도 시원찮을 판에 내리기까지 했으니 말이다.

이런 경우 90% 이상의 사람들은 집값이 다시 오르기를 기다리면서 어쩔 수 없이 장기 보유하게 된다. 오를 때까지 기다리는 것이다. '지금 이 시기만 지나면 10억 원도 어렵지 않게 받을 수 있을 것이다'라는 생각을 하면서 말이다.

여기에 더해 '지금까지 들인 돈이 얼마인데'라는 본전 심리도 작용하게 된다. '본전 심리'에 대해 행동경제학이라는 학문에서는 '매몰비용의 오류'라고 이름을 붙였다. 즉 지금까지 사용된 비용이 아깝다라는 본전 심리가 작용한다는 것이다. 이러한 본전 심리인 '매몰비용의 오류'는 비단 부동산에 대한 의사결정에만 작용하는 것이 아니다.

초음속 여객기였던 콩코드 역시 개발과정에서 아무리 계산기를 두 들겨보아도 비행기를 만드는 것보다는 안 만드는 것이 이익이었다. 하지만 '지금까지 개발하느라고 쏟아부은 돈이 얼만데!'라는 범국가적인 본전 심리로 인해 콩코드 여객기는 영업 시작과 동시에 적자행진을 이어 나갔다. 그 결국 2003년 4월에 역사 속으로 사라졌다. 이로 인해 '콩코드의 오류 concorde Fallacy'라는 본전 심리를 가리키는 단어가 새로 만들어졌다.

여기까지만 이야기하면 무조건 본전 심리가 나쁘다고 느껴지겠지만, 본전 심리는 부동산 가격의 폭락을 막아주는 방패 역할을 하기도 한다. 25억 원을 주고 산 대치동 은마아파트 34평형이 비록 시세가 20억 원으로 하락한다고 하더라도 소유자는 아파트를 팔고 나가지 않는다.

사정이 있는 사람이야 18억 원에도 매도계약을 하겠지만, 그렇지 않은 경우, 적어도 매입가격 25억 원에 부대비용 2억 원을 더해서 총 27억 원까지는 본전 심리가 작용한다. 원가 27억 원 아파트가 되고 그보다 매매 가격이 낮으면 손해 보는 기분이 들어 그 밑으로는 거래를 하지 않으려 한다. 이와 같은 심리의 흐름에 의해 가격이 폭락하는 일이 방지된다고 볼 수 있다.

가격 상승의 심리학 – 앵커링효과

'앵커링(닻내림) 효과 Anchor effect'라는 것이 있다. 행동심리학에 사용되는 용어로서, 가장 먼저 접하거나 가장 인상적인 정보와 수치에 의해 의사

결정과 판단이 이루어지는 경향을 가리킨다. 예를 들어, 100만 원짜리 노트북이 있다고 하자. A매장에서는 정직하게 그냥 '100만 원'이라 표기하고, B매장에서는 200만 원에서 '50% 세일! 단돈 100만 원' 이렇게 표기하는 경우, 소비자들은 정직한 A매장보다는 B매장에서 제품을 살 가능성이 높다. 200만 원에서 100만 원 할인이라는 문구를 보는 순간 머릿속에는 200만 원이라는 가격이 각인되기 때문에 이 노트북 가격은 원래 200만 원이라 판단하게 된다. 이어지는 할인 50%는 구매자들이 이걸 사면 100만 원의 이익을 본다고 생각하도록 만드는 장치로 작용한다.

행동경제학의 설명에 따르면, 인간은 의사결정이나 판단을 해야 할 때 나름의 기준이 필요하다. 그 기준은 처음 알게 된 혹은 인상적인 정보나 수치를 판단의 기준으로 두는 경향이 강하다. 마치 항구의 배가 앵커(닻)를 내리면 그 주변에서 움직이지 않게 되는 것처럼 사람의 심리가 최초 또는 강렬한 정보에 의해 영향을 받는 것을 가리킨다.

앵커링 효과를 부동산에 응용해보면 이렇다. A아파트가 얼마 전에 20억 원에 거래되었다고 하면, 그 아파트는 적어도 20억 원에 거래되어야 한다. 만일 18억 원이나 19억 원에 거래되면 손해 보고 파는 셈이 된다. 시세가 20억 원이니까. 그보다 낮게 파는 것은 매몰비용의 심리학이 작용하여 손해보고 판다는 생각이 들게 된다.

국민의 알권리와 투명한 부동산 거래를 위해 도입되었던 실거래가 신고 제도가 사실은 가격 상승의 주범이기도 했다. 아파트가 거래될 때 직전 최고가를 기준으로 더 올려서 파는 것이 당연하게 여겨졌기 때문이다. 저번 달에 같은 단지의 32평형이 20억 원에 거래되었다면 나는 이번 달에 적어도 20억 원은 넘어야 한다는 심리가 작용한다.

부동산 소유자들의 머릿속에는 2021년까지 거래된 아파트들의 가격이 입력되어 있다. 이 가격들은 '최소 이 정도는 받아야 한다'는 기준으로 작용하는 것은 물론이다. 2022년 이후의 부동산 가격은 적어도 2021년의 가격 이상이 되어야 거래될 수 있을 것이다. 물론 이러한 가격 상승은 경제적 충격이나 주변 시세의 뚜렷한 하락세를 경험하게 되면 기준점이 달라지게 된다. 적어도 윤석열 정부의 부동산 정책이 강한 충격을 주지 못한다면 부동산 가격은 지속적인 상승세를 이어갈 수도 있다.

교통 여건 개선에 따른 기대감

개발 호재는 부동산에 있어 가치와 가격 모두를 상승시키는 요인이다. 개발된다는 것은 시간과 비용을 들여 지역의 가치를 높이는 일이기 때문이다. 앞서 보았던 주택 자체의 개발인 재건축, 재개발, 리모델링 이외의 개발 호재들 역시 가격 상승의 원인이 될 것이다.

GTX 노선 확대에 따른 기대감 상승

GTX(Great Train eXpress-수도권 광역급행철도)는 대한민국 수도권의 교통난 해소와 장거리 통근자들의 교통복지 제고를 위해 수도권 외곽에서 서울 도심 주요 거점 역인 서울역, 청량리역, 삼성역을 교차하여 30분대에 연결하도록 계획되어 있다. 2022년 5월 현재 A노선(파주-일산-서울

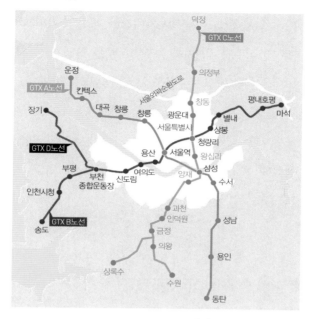

출처: 국토교통부, 한국부동산원

역-삼성-성남-용인-동탄)은 30%의 공정률을 보이며 공사 중이고 B노
선, C노선은 조만간 착공 예정이다.

윤석열 대통령은 GTX를 기존 A, B, C노선에 D, E, F노선을 더해 총
6개의 노선을 만들겠다고 공약했다. 참고로 D노선은 김포-부천-강
남-하남-여주, E노선은 인천검암-강북-구리-남양주, F노선은 고양-
수원-하남-남양주-의정부-고양(순환) 이렇게 예정되어 있다.

GTX가 개통되기 전까지는 상당한 시간이 걸릴 것이다. 2019년에 착
공한 GTX A노선은 2024년에 개통 예정이니 대략 5년이 걸린다. 다른
GTX노선들은 아직 착공도 하지 못했으니 개통까지 10년 정도는 봐야

하는 상황이다. 그렇다면 GTX의 수혜를 입는 지역들은 10년 후에나 가격이 오를까? 그렇지 않다. 재건축 기대감만 계속 유지되는 서울 대치동 은마아파트, 잠실주공 5단지를 보면, 개발을 언젠가 할 것이라는 기대만 있으면 가격은 상승한다는 점을 알 수 있다. GTX 수혜 지역 역시 이러한 기대감을 계속 유지할 수 있다면 개통 전까지는 개통에 대한 기대감으로, 실제 개통 이후엔 편리해진 주거환경에 대한 만족감으로 가격 상승을 예상해 볼 수 있다. 교통 여건이 좋아지는데 오히려 가격이 하락하는 일은 없을 것이니 말이다.

여의도 접근성이 좋아지는 신안산선 개통

신안산선은 2024년 개통을 목표로 하고 있다. 시흥과 광명에서 여의도로 바로 연결되는 노선이다. 국토교통부에서 작성한 그림([5-2] 참조)을 보면 여의도까지 도착시간이 짧아진다는 것을 마케팅 포인트로 하고 있다. 여의도까지의 출퇴근 환경을 개선해 주는 고마운 노선이기도 하다. 개인적으로는 2000년대 초 사회초년생 시절 동작구 대방동에 살면서 지하철 노선 없이 버스로만 여의도로 출근해야 했었다. 여의도 지하차도 입구에서 꼼짝 못 하는 버스에서 초조하게 지각하지 않을까 걱정하기도 하고 지각도 많이 했었기에 감회가 새롭다.

신안산선이 통과하는 지역은 여의도까지 이동시간이 단축되고 다시 여의도에서 기타 지역으로 이동이 편리해진다. GTX와 마찬가지로 개통 전과 개통 후 각각 가격 상승할 여력이 충분하다.

[5-2] 2024년 개통 예정인 신안산선

한양대 ↔ 여의도
100분 → **25분**

원시 ↔ 여의도
69분 → **36분**

GTX 통과지역과 신안산선 통과지역은 교통 호재를 통해 지역의 가치가 올라가는 수혜를 입을 수 있다. 실제 일산의 사례를 보면 2021년 상반기 일산지역의 상승률이 전국 평균보다 높은 수치를 기록했다.

서울 외곽지역의 이러한 상승세는 서울의 상승세와 함께 맞물려 수도권까지 부동산 가격이 상승하는 과정에 영향을 미칠 것으로 보인다. 그렇다. 한마디로 서울과 수도권 지역에 교통 호재, 개발 호재라는 가격 상승의 요인이 발생하는 것이다. 적어도 앞으로 10년간 그럴 것이라 본다.

규제 완화와 공급 확대로 인한 수요 증가

2022년 5월 3일 대통령직 인수위원회에서 110대 과제를 발표했다. 기존의 공약을 보완해서 정책 방향을 세부적으로 설정한 과제들이라 할 수 있는데, 부동산 관련 과제들을 보면 수요 증가를 예측할 수 있는 내용들이 많다.

부동산 관련 과제들을 보면 '주택공급 확대', '부동산 세제 정상화', '대출 규제 정상화', '주거복지 지원' 이렇게 4가지로 나뉜다. 핵심과제를 간략하게 설명하고, 해당 과제들을 무주택자, 유주택자로 나누어 유불리를 예측해 보자.

무주택자에게 해당하는 내용을 보면 세 번째 항목인 대출 규제 정상화를 볼 수 있다. 생애 최초 주택 구입자에 대해 LTV를 완화하여 최대 80%까지 대출한도를 설정할 수 있도록 해준다. 또한 생애 최초가 아닌

윤석열 정부 부동산 관련 4대 핵심과제 핵심 요약

1. 주택공급 확대

- 공약한 250만 호 공급을 차질 없이 추진
- 1기 신도시 특별법을 제정하여 1기 신도시에 10만 호 이상 공급 기반 마련

2. 부동산 세제 정상화

- 종합부동산세 개편(부담 완화) – 공시가격 등 비율 조정
- 양도소득세 개편(다주택자 양도세 중과 완화)
- 취득세 개편(다주택자 중과 완화)

3. 대출 규제 정상화(주택 금융 제도개선)

- 생애 최초 주택 구입 가구 LTV 완화 (80%)
- 무주택자 LTV 최대 70%, 다주택자 LTV 최대 40%

4. 주거복지 지원

- 공공임대주택 연평균 10만 호 공급 (5년간 50만 호)

경우 무주택자는 최대 70%까지 지역구분 없이 대출을 받을 수 있도록 해준다. 즉 무주택자는 집값의 30%만 있으면 주택을 매입할 수 있게 된다는 뜻이기도 하다. 참고로 2022년 5월 현재는 서울에서 집을 살 때 무주택자는 LTV 최대는 40%이고 대출한도는 4억 원이다. 서울의 9억 원 아파트를 매입하고자 할 때 40%인 3억 6,000만 원까지 대출을 받고 나머지 5억 4,000만 원은 현금으로 보유하고 있어야 하는 상황이다.

LTV가 완화되면 서울 9억 원 아파트를 매입할 때 생애 최초인 경우 1억 8,000만 원만 있으면 나머지 7억 2,000만 원은 은행에서 대출받을 수 있다. LTV 제한으로 주택을 매입할 수 없는 경우를 최대한 줄여준다는

정책 방향으로 이해할 수 있다. 앞으로는 정부에서 정책적으로 대출 규모를 제한하는 것이 아닌 대출에 따른 원리금 상환을 제대로 할 수 있는가의 경제적 선택 여부가 대출 규모를 제한하게 될 것이다.

유주택자에게 해당하는 국정과제를 보면 부동산 세제 정상화를 볼 수 있다. 집을 살 때의 '취득세', 가지고 있을 때의 '보유세', 팔 때의 '양도세', 이렇게 전 단계에 걸쳐 최대한 부담을 줄여준다는 뜻이다. 취득세를 보면 같은 9억 원 주택이라도 무주택자가 사면 3%가 적용되어 2,700만 원의 취득세가 발생하지만, 3주택자가 사면 12%인 9,800만 원이 발생한다. 이러한 중과세는 다주택자들에 대해 세금을 통해 부동산 매입수요를 억제하는 역할을 했다. 국정과제는 다주택자 중과 완화를 해줌으로써 취득세 부담을 줄여준다. 보유세인 종부세와 양도세까지 중과를 완화함으로써 다주택자들이 추가적인 주택을 매입하는데 부담을 줄여준다.

LTV 역시 향후엔 다주택자도 40%까지 가능하게 될 예정이다. 현재 다주택자는 부동산 담보대출 자체가 안 되는 상황임을 고려하면 파격적이라 할 수 있다. 다주택자에게 투기를 부추기는 게 아닌가 하는 비판이 있을 수 있다. 그런데도 윤석열 정부가 다주택자에게도 LTV 규제를 완화한 것은 윤석열 대통령이 가진 시장경제, 공정과 상식 등의 경제철학이 반영되었다 볼 수 있다.

국정과제는 잠재되었던 수요를 자극할 수 있는 충분한 여지가 있다. 수요가 자극된다는 것은 거래 활성화로 이어지게 되고 가격을 상승시키는 요인이 될 것이다.

똑똑한 한 채에 대한 수요

주택 수요를 억지로 누르고자 했던 문재인 정부에서도 1주택자에 대해서는 약간의 아량을 베풀었다. 강남의 비싼 주택이라도 '장기보유특별공제'와 '1주택공제' 등을 적용해주었다. 정권의 성향과는 상관없이 적어도 1주택만 보유하고 그곳에서 거주하고 있다면 세금에 있어 혜택이 많은 것이다. 세상이 아무리 변해도 1주택을 보유하는 경우라면 세금의 폭탄이나 부동산 투기꾼으로 손가락질받지 않는다. 서울 강북과 강남에 집을 여러 채 보유한 다주택자가 세금 부담 때문에 주택을 처분해야 할 때 강북과 강남의 아파트 중 어느 것부터 처분하고 어느 것을 남겨놓을까? 답은 자명하다. 앞으로 가격이 오를 것으로 기대되고, 보유와 거주가 동시에 가능한 강남의 주택을 남기는 것이 합리적이고 경제적인 선택이 된다.

투자의 안전자산

안전자산이라 불리는 아이템들이 있다. 가장 대표적인 것이 미국 달러이고 다음으로 일본 엔과 금이 있다. 이들은 전 세계 경제가 아무리 위험해져도 원래의 가치를 계속 유지할 수 있다는 믿음을 주기 때문이다. 전통적으로 경제 상황이 불확실해지고 위험이 커지면 달러, 엔, 금값이 올라간다. 찾는 수요가 많아지면 가격이 올라가는 것은 당연한 일.

서울 강남 아파트 역시 투자 측면에 있어 안전자산이라 할 수 있다. 시장 상황에 따라 값이 오르거나 내릴 수 있지만 경제가 불확실하고 주택시장이 불안정할 때 가치를 유지하리라는 믿음을 가지고 계속 보유할 수 있기 때문이다.

주식시장에 있어 삼성전자가 아무리 값이 등락을 거듭해도 나중엔 제값을 받을 수 있고, 삼성전자가 망하면 대한민국이 망한다는 믿음을 가진 투자자들이 많다. 마찬가지로 대한민국에 전쟁이 발발하거나 IMF가 다시 오지 않는 이상 서울 강남의 부동산이 망할 일은 없다는 믿음이 넓게 퍼져있는 것이다.

똘똘한 한 채

문재인 정부에서 이런저런 수단을 동원해서 수요를 억제하고 다주택자 투기를 막고자 했을 때 정부는 남는 부동산을 모두 처분하고 하나만 남겨두어야 한다는 입장이었다. 이때 다주택자들은 이미 양도세 부담 때문에 처분을 하고 싶어도 할 수 없는 상황이었지만 그런데도 꼭 하나만 남겨두어야 한다면 가장 비싸고 가장 값이 오를 것 같은 곳을 남겨두려 할 것이다. 그렇다. 일명 똑똑한 한 채만 남겨두었던 것이다. 부동산 다주택자마다 각자 똑똑한 한 채는 달랐지만, 기준은 동일했다. 앞으로 값이 가장 많이 오를 것 같은 아파트가 바로 그 기준이었고 서울 핵심지역인 강남, 용산, 성수동 등의 아파트는 꼭 보유해야 하는 아파트들이었다. 이 지역들의 아파트들은 정부의 강력한 대책에도 불구하고 매물이 나오지 않았고 거래할 때마다 최고가를 기록하며 계속 가격이 상승하는 모습을 보였다.

결과적으로 핵심지역의 가격이 오르니 다른 지역도 보조를 맞추어 오르고, 다른 지역이 오르니 핵심지역이 더 오르는 상승 및 순환하는 모습을 보였던 것이다. 이러한 서울의 순환이 몇 사이클 돌면서 서울 외곽, 수도권으로 상승세가 지속되었고 비규제지역까지 상승세가 이어졌다.

대통령이 바뀌었다고 해도 똑똑한 한 채에 대한 수요는 줄어들 것으로 보이지 않는다. 오히려 생애 최초 주택 구입에 대해 LTV를 80%까지 적용받을 수 있도록 해주고, 기타 무주택자의 경우 지역 상관없이 70%까지 LTV를 받을 수 있도록 규제가 완화되어, 수요는 증가할 것이다. 수요가 많아지면 값이 올라가는 것은 당연하다.

서울 경기의 주택공급 부족

윤석열 대통령은 후보 시절부터 250만 호의 주택공급, 즉 1년에 50만 호씩 5년간 250만 호를 공급하겠다고 공약했다. 주택공급의 공약이 지켜진다면 참으로 감사한 일이 될 것이다.

아파트 공급이 많아지면 가격이 내려가는 것은 쉽게 예측할 수 있고, 온 국민이 희망하는 부동산 가격 안정화가 가능해질 테니 말이다. 이에 관련하여 나름대로 몇 가지 지표를 가지고 서울과 경기의 부동산 수요를 예측해 보았다. 수요보다 공급이 많으면 주택 가격 안정은 당연한 일이다. 과연 공급이 수요를 감당할 수 있을까? 이를 판단해보기 위해 간략하게 수요와 공급을 비교해 보았다.

서울과 경기의 아파트는 몇 채일까

K-Apt(공동주택관리시스템)이라는 정부 공식 사이트에 들어가 보면, 우리나라 아파트의 전체 수량을 확인할 수 있다. 이 사이트에 있는 데이터를 살펴보면, 2022년 5월 현재 전국엔 총 1,070만 호의 아파트가 있고 이중 서울에는 157만 호, 경기에는 310만 호가 있음을 볼 수 있다.

서울에서 최고 비싼 지역인 강남구와 서초구를 비롯해 상대적으로 가격이 낮은 노도강(노원, 도봉, 강북)과 금관구(금천, 관악, 구로)를 모두 싹 긁어모아도 서울의 아파트는 총 157만 호에 불과하다. 서울 인구가 950만 명이니 서울 모든 아파트에 4인씩 거주한다고 가정하면 대략 628만 명은 아파트에 살고 나머지 322만 명은 아파트 이외의 주거 형태인 빌라, 오피스텔, 원룸 등에 산다고 짐작할 수 있다. 혹시 서울의 모든 아파트에 3인씩 거주한다면, 471만 명은 아파트, 나머지 479만 명은 기타 주거 형태인 것이다. 서울에서 아파트 산다고 하면, 지역을 불문하고 일단 서울 내에서 상위 50% 안에 든다고 보면 된다.

서울과 경기의 기본 수요와 추가 수요

서울에 있는 모든 아파트를 더하면 총 157만 호가 나온다는 것을 기본으로 하고 계산을 시작해보자. 아파트의 수명은 대략 40년이다. 수명이 40년이니 우리나라 전체 아파트의 수명을 고려하면 40년 후에는 전체 아파트가 새로 다 지어져야 한다. 즉 '157만 호÷40년=연간 3.9만 호'가 기본으로 필요하다. 앞으로 아파트를 더 짓지 않고 지금의 수량만 유지

한다고 해도 매년 3.9만 호의 아파트를 지어야 한다는 뜻이다. 이러한 3.9만 호는 '기본 유지 수요'라 이름 붙여 봤다.

이와 같은 방식으로 경기도를 계산해보면 '310만 호÷40년=연간 7.7만 호'의 기본 유지 수요가 필요하다. 정리하자면, 서울의 기본수요는 연 3.9만 호, 경기는 연간 7.7만 호가 기본적으로 필요하다.

아파트 수명을 고려한 기본 유지 수요는 말 그대로 집의 수명만을 고려한 단순 수요다. 여기에 추가적인 수요가 있다. 현재는 비아파트에 거주하고 있지만, 아파트에 거주하고자 하는 실거주 수요라 할 수 있다. 아주 단순하게 계산해보면 한 아파트에 4인이 거주한다고 가정했을 때 아파트에 거주하지 않으면 아파트 추가 수요에 해당한다고 볼 수 있다.

서울 총거주자=950만 명
서울 아파트 거주민=155만 호×4인=620만 명
서울 비아파트 거주민=330만 명

이렇게 330만 명의 아파트 수요자가 있다. 혹시 아파트에 3인이 거주한다면 같은 계산방식을 동원하여, 서울 비아파트 거주민은 485만 명으로 유추해 볼 수 있다.

서울과 경기에 거주하는 비아파트 거주민 중에서 만일 상위 5%가 실제 아파트를 매입할 수 있는 의사와 능력이 있다고 가정하면, '서울 비아파트 거주민 330만 명×5%=16.5만 명'의 실수요자가 있고, '4인 거주면 16.5만 명÷4=4.1만 호', '3인 거주면 16.5만 명÷3=5.5만 호'의 실거주 수요가 계산된다.

경기도를 이와 같은 방식으로 계산해보면, 아파트당 4인 거주면, '경기 비아파트 거주민 6.1만 명÷4=1.5만 호', 아파트당 3인 거주면, '경기 비아파트 거주민 6.1만 명÷3=2.0만 호'의 실거주 수요가 계산된다. 이를 '실거주용 매입 수요'라 이름 붙여 보면, 4인 아파트 기준으로 서울의 실거주용 매입 수요는 아파트 비거주자 중 상위 5%의 수요인 4.1만 호가 집계되고, 경기의 실거주용 매입 수요는 아파트 비거주자 중 상위 5%의 수요인 1.5만 호 이렇게 된다.

앞서 보았던 기본 유지 수요와 실거주용 매입 수요를 합쳐보면 서울은 '기본 수요 3.9만 호+4인 거주 기준 실거주 수요 4.1만 호=8만 호'가 필요하다. 경기는 '기본 수요 7.7만 호+1.5만 호=9.2만 호'가 필요하다.

요약하면 이렇다. 서울과 경기는 대략적으로 매년 10만 호의 주택이 필요하다. 이러한 수요에 어떻게 대응할 수 있는지 윤석열 정부의 역량을 살펴보면 집값이 상승할지 하락할지 예측해 볼 수 있다. 윤석열 정부의 계획은 매년 50만 호 공급이다. 참고로 2021년과 2022년 1월의 데이터를 비교해보면 서울은 4만 호, 경기는 11만 7,000호 증가했다. 서울 수요가 8만 호인데 4만 호가 공급되었다는 것이다.

향후 5년간 획기적인 공급이 이루어지지 않는다면, 현재와 같은 서울의 공급 부족은 계속 이어질 것이고 가격은 상승세를 이어 나갈 수밖에 없다.

Chapter 6

윤석열정부,
집값 하락요인 3가지

주택공급 확대

가장 기본적인 수요와 공급의 원칙을 고려하면 주택공급이 많아질 때, 가격은 당연히 낮아질 수밖에 없다. 서울과 경기의 주택 수요를 대략 각각 10만 호라고 가정했을 때, 정부 계획대로 매년 50만 호씩 수도권에 집중하여 주택을 공급한다면 수요를 다 흡수하고도 남을 정도가 될 수 있다. 참고로 1기 신도시 5개 지역을 모두 합치면 30만 호에 이른다. 윤석열 정부는 현재 매년 1기 신도시 전체 물량의 1.5배에 가까운 주택을 공급하겠다는 계획이다.

마스크와 부동산 가격

2020년 설 연휴가 끝남과 동시에 전 세계적으로 코로나바이러스가 창

궐하였다. 주식시장 역시 영향을 받아 큰 폭으로 하락하고, 제조업체들은 부품과 원재료 수급의 차질로 재고 부족과 원가 인상의 이중고를 겪어야 했다.

마스크 가격은 폭등하는 수요로 인해 하늘 높은 줄 모르고 가격이 오르기도 했었다. 심지어 어떤 악덕 쇼핑몰은 기존에 결제까지 완료된 주문을 취소하고 더 높은 가격으로 판매를 하는 곳이 있기도 했다. 얼마 지나지 않은 이야기다.

마스크의 가격을 보며 우리나라 부동산 가격의 흐름과 비슷한 점을 몇 가지 발견하게 된다. 쓰기는 마스크라고 썼지만 읽다 보면 뭔가 부동산 시장과 묘하게 겹치는 느낌을 받을 것이다.

코로나 이전에도 미세먼지로 인해 마스크에 대한 수요는 꾸준히 있었지만, 제조업체나 유통업체가 재고 부족까지 겪을 상황은 아니었다. 코로나 사태는 이러한 기본 수요에 더해 투자 수요를 발생시켰다. 한국에서 사서 중국에 재판매하기 위해 몇천 개 단위로 마스크를 사는 경우도 있었고, 마스크를 팔아서 번 돈을 인증하는 사진이 인터넷에 떠돌아다니기도 했다. 약국 앞에서 한겨울에 1인당 2장씩만 살 수 있는 그 귀한 마스크를 구하기 위해 길게 줄을 서서 기다리기도 했다. 한 장에 500원이던 마스크가 순식간에 5,000원까지 올라도 물건이 없어서 못 사는 지경이었다.

사두면 돈이 될 것 같다는 투자 수요. 어디서 많이 본 상황이다. 그렇다. 바로 부동산이 이와 유사하다. 굳이 거주하지는 않더라도 서울이나 지방 유망지역의 아파트를 미리 사두면 나중에 돈이 될 것 같다는 심리.

이 심리에 의해 수요가 늘어나는 점이 마스크 가격 상승과 유사하다.

마스크 수요의 폭발적인 증가는 바로 '공포심' 때문이었다. 마스크가 없으면 병에 걸릴지도 모른다는 공포심. 마스크가 없으면 밖에 나갈 수 없으니 충분하게 준비하지 않으면 사회생활을 할 수 없다는 공포심. 이러한 공포심이 커질수록 마스크 가격은 높아질 수밖에 없었다. 비윤리적인 유통업체들은 이 공포심을 이용해서 이익을 얻기도 했다.

아파트 가격 역시 비슷하다. 지금 못 사면 나중에 더 비싸져서 아예 못 산다는 불안감이 들기도 하고, 남들은 다 사는데 나만 못 사면 왠지 손해 보고 뒤처지는 것 같기도 하다. 이 역시 공포심이라 할 수 있는데, 실거주를 위한 수요가 아닌 공포심이 마스크값도 올리고 아파트값도 올리는 원인이 된다.

수요와 공급의 균형

코로나가 조금 진정된 지금 마스크의 가격을 보자. 인터넷 쇼핑몰에서 한 장 500원, 100장 묶음 한 상자 5만 원에 판매하고 있다. 코로나 발생 초기 한 장에 5,000원 하던 귀한 그 마스크가 말이다. 그 이유는 마스크 업체들이 생산능력을 높였고, 사회적 거리두기 단계가 낮아짐에 따라 수요가 줄어들었기 때문이다. 즉, 수요와 공급이 적절하게 균형을 이룬 결과다.

그렇다면 부동산 가격도 진정될까? 마스크 가격이 진정되었듯 부동산 가격 역시 수요와 공급이 균형을 이루게 되면 가격은 하락할 수 있다.

윤석열 정부의 부동산 공급 대책은 마스크 찍어내듯 주택을 지어서 수요와 공급을 맞춘다는 계획이다. 주택공급이 많아지면 우선 '공포심'을 해결할 수 있다. 지금 당장이 아니어도 부동산을 매수할 수 있고, 자신이 원하는 지역 근처에 매물이 많다면 조바심에 의한 추격매수는 줄어들 것이기 때문이다.

만약 윤석열 정부의 주택공급 정책이 100%는 아니더라도 어느 정도 원활하게 진행된다면 부동산 가격 하락은 쉽게 예측해 볼 수 있다. 부동산은 시장 상황에 매우 예민하다. 약간의 하락 신호가 온다면 그 하락에는 가속도가 붙어 급격하게 하락하는 모습을 보인다. 서울 강남의 아파트가 기존보다 1억 원, 2억 원 하락해서 거래되었다는 뉴스가 나오면 본격적인 신호탄이 되어 서울을 비롯한 전국에 그 하락세가 시작될 것이다. 물론 주택공급이 계획대로 진행되는 모습을 보여주는 것이 전제되어야 한다.

2

미국 기준 금리 상승

윤석열 정부 5년 동안의 부동산 시장은 2022년부터 정체기를 거쳐 대세 하락기로 전환될 가능성이 높다. 가장 큰 이유는 미국의 금리 인상이다. 국내 경제 상황, 부동산 시장의 흐름과 무관하게 미국의 기준 금리가 부동산 하락 압력을 강하게 넣을 것으로 예상된다. 이외에도 몇 가지요인들이 예상되는데, 부동산 하락 압력 요인들을 하나씩 설명해보도록하겠다.

미국 기준 금리는 독립변수

미국의 기준 금리 인상은 현실이 돼버린 부동산 가격 하락의 가장 큰요인이다. '독립변수'와 '종속변수'라는 것이 있다. 독립변수란 다른 요인과 상관없이 움직이는 변수를 가리키는데 미국의 기준 금리는 대한민국의 부동산 가격과 전혀 상관없이 정해지는 독립변수다. 이에 비해 종속변수는 독립변수의 움직임에 따라 그 값이 변하는 것을 가리킨다. 미국 기준 금리에 대해 우리나라 부동산 가격은 종속변수라 할 수 있다. 즉, 독립변수는 다른 요인의 영향으로부터 독립해서 자율적으로 값이 변하는 변수이고 종속변수는 독립변수의 영향에 종속되어 움직이는 변수라고 이해하면 된다.

미국의 기준 금리가 독립변수고, 우리나라 부동산 시장이 종속변수라는 말을 정리하면, 우리나라 부동산 시장의 움직임은 미국의 기준 금리에 영향을 미치지 못하지만 반대로 미국의 기준 금리는 우리나라 부동산 시장의 움직임에 영향을 미치게 된다는 뜻이기도 하다.

미국 기준 금리 인상이 우리나라 부동산 시장에 영향을 미치는 과정을 보면 이렇다. 미국이 기준 금리를 올리면 우리나라의 기준 금리 역시 올라가게 된다. 미국이 강제로 "우리 연준(연방준비은행, FRB)에서 금리 올렸으니 한국 너희도 금리를 올려라." 이렇게 강제하는 것이 아니라 시장 경제의 특성 때문에 그러하다.

미국과 한국에 투자하면 똑같이 연간 5%의 이자를 얻을 수 있다고 가정해보자. 당신이 투자자라면 어느 곳에 투자하고 싶겠는가? 그렇다. 미국에 투자하는 것이 더 합리적인 선택이다. 한국은 적어도 미국보다는 조금이라도 더 높은 금리를 제공할 수 있어야 투자를 받을 수 있다. 이러한 이유로 미국의 기준 금리 대비해서 대한민국의 기준 금리는 적어도 미국보다는 높게 유지해야 했다.

[6-1] 한미 기준 금리 추이

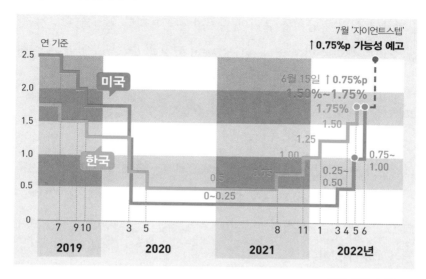

한미 기준 금리의 추이를 보자. [6-1] 그래프를 보면 2015년 이후 한국은 2017년에서 2019년 3월까지를 제외하고는 적어도 미국보다는 높은 금리를 유지해왔다. 그런데 미국 연준은 2022년 5월 기준 금리를 0.5%p 올린 데 이어 한 달 만인 6월 16일 0.75%p를 전격적으로 올렸다. 그 결과 2022년 6월 현재 한국과 미국의 기준 금리는 1.75%로 같아져 버렸다.

미국 내 물가 상승 압박으로 인해 소위 '자이언트 스텝'을 밟고 있는 것이다. 연준이 여기에서 멈추지 않고 7월에도 0.75%p 인상을 예고하고 있는 상태다. 미국은 2022년부터 2023년까지 꾸준히 금리를 올릴 것이라 발표했다. 예상되는 수치를 보면 2022년 말에는 미국 기준 금리가

1.9%가 되고, 2023년 말에는 2.8%까지 인상될 것으로 전망된다.

미국이 이렇게 금리를 올리면 당연히 한국은행도 원하든 원하지 않든 금리를 올릴 수밖에 없다. 한국은행이 예전과 같이 미국과 0.75%p의 금리차를 계속 유지한다면 한국의 기준 금리는 2022년 말에는 2.65%, 2023년 말에는 3.55%의 수치를 보이리라 예상할 수 있다.

2022년 6월 현재, 한국은행의 기준 금리는 1.75%다. 그렇다면 대출 금리는 몇 %일까? 2022년 4월 말 기준으로 4.05%에 달하고 있다. 기준 금리 대비 2.68%포인트 높은 상황이다. 우리나라의 대출금리는 기준 금리 대비 대략 2.5%포인트에서 3.0%포인트 높게 정해진다고 보면 크게 틀리지 않을 것이다.

현 상황을 보면, 대출금리가 8년 만에 4%를 넘었고 앞으로도 계속 대출금리가 올라갈 것으로 예상된다. 대출금리 부담이 늘어나서 전세자금 대출을 받아 이자를 내는 것보다 월세로 사는 게 낫다는 경제적 판단이 이루어지고 있다.

만일 2년 후인 2024년 대출금리가 6%에 달하게 되면 현재 대비 50% 정도의 이자 부담이 늘어나게 된다. LTV, DTI, DSR 등 부동산 관련 대출 규제가 완화된다 하더라도 이자 부담으로 인해 대출 규모는 급격하게 증가할 것으로 예상하기는 힘들다.

대출금리가 높아지면 높아진 대출 부담으로 인해 수요가 감소하게 된다. 현재까지의 수요 억제가 정부의 대출 규제 때문이었다면, 향후의 수요 억제는 대출이자 부담으로 인한 결과가 될 것이다. 게다가 앞으로도 계속 미국의 기준 금리 인상이 예고되어 있기 때문에 대출 부담은 시간이 지날수록 늘어날 것이다. 그만큼 수요가 억제되고 줄어들 수밖에 없다.

대출 부담으로 인한 수요 억제는 전체적인 부동산 시장의 하락요인으로 작용하게 된다. 기존보다 더 비싼 값을 주고 주택을 매수하는 사람이 있어야 부동산 가격이 상승할 수 있는데, 그럴 수 없기 때문이다. 값이 오르는 모습을 보일 때 오히려 주택 거래가 활발해지는 시장의 특성상 수요가 억제되고 가격이 하락하면 부동산 시장은 더욱 위축된다.

요약하자면, 독립변수인 미국 기준 금리는 종속변수인 대한민국 부동산 시장에 영향을 미칠 것이고, 미국 기준 금리의 상승은 결국엔 한국 부동산 가격 하락의 요인이 될 것이다.

고금리가 불러올 부동산 대폭락기

부동산에는 '10년 주기설'이 있다. 1998년 IMF로 인한 충격이 있었고 그로부터 10년이 지난 2008년 미국발 금융위기로 인한 또 한 번의 충격이 있었다. 한 번은 우연인데 두 번부터는 더 이상 우연이 아니고 패턴이 된다. 그렇다면 2018년 세 번째 10년엔 과연 폭락했었던가? 아니다. 10년 주기설은 순전히 우연이었을지도 모른다. 다만 그 우연 속에는 '미국 기준 금리'라는 아주 중요한 요인이 자리 잡고 있었다. 부동산의 흐름을 대한민국에 국한하지 않고 좀 더 넓게 보면 흥미로운 점을 발견하게 된다. 우리나라의 상황이 아닌 미국의 상황, 좀 더 자세히는 미국의 금리에 따라 우리나라 부동산 가격이 영향을 받았다는 것을 발견할 수

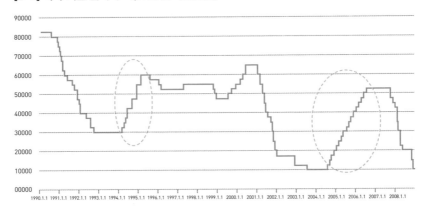

[6-2] 미국 기준 금리 추이(1990년~2008년)

있기 때문이다.

[6-2] 그래프는 1990년부터 2008년까지 미국의 기준 금리 추이를 나타내고 있다. 점선으로 표시된 타원은 미국의 기준 금리가 상승했던 시기를 나타낸다. 첫 번째 타원의 시기는 1994년이다. 3%였던 기준 금리가 6%까지 2배 올랐다. 두 번째 타원의 시기는 2004년으로 1%의 기준금리가 5% 넘는 수준까지 올랐다. 하나씩 살펴보자.

먼저 첫 번째 대폭등 시기. 1994년 1월에 3%였던 미국 기준 금리가 같은 해 12월에는 6%까지 치솟았다. 1년 만에 3%p 상승이라는 급격한 금리 인상의 결과는 그로부터 4년 후인 1998년 IMF로 우리에게 다가왔다(4년 후라는 시차를 기억하자). IMF 때 대한민국 경제는 반토막, 아니 1/3토막이 났었고 주식과 부동산 가격은 폭락에 폭락을 거듭했다. 그 당시 최고급 주상복합 중 하나인 서울 강남구 도곡동의 타워팰리스도 이때 미분양이어서 건설사인 삼성에서 임직원들에게 거의 떠넘기다시

피 분양했었다. 이때 분양받았던 사람들은 지금처럼 가격이 오를 것은 생각 못 하고 울며 겨자 먹기로 분양받았던 것이다.

두 번째 폭등 시기는 그로부터 10년 후인 2004년이다. 대한민국 전체가 IMF의 충격에서 서서히 벗어나 본격적인 경제성장기로 진입하려던 시기다. 이때 미국 기준 금리를 보면 2004년 1월엔 1% 내외였던 금리가 2006년 말엔 5%까지 올랐다. 그 결과 역시 그로부터 4년 후인 2008년 미국발 글로벌 금융위기가 발생했다. 그로 인해 우리나라 부동산 시장은 불황을 겪어야 했다. 두 번에 걸친 우연의 일치라 할 수 있다.

정리해보자면, 미국은 1994년, 2004년 이렇게 끝자리가 4로 끝나는 해에 금리를 올리기 시작한다. 미국이 금리 인상을 시작한 후 4년이 지나면 그 여파가 대한민국 부동산 침체라는 결과로 이어진다. 즉, 4년으로 끝나는 해에 미국은 금리를 올리고 이 여파는 4년 후 대한민국 부동산 폭락으로 연결되는 것이다. 4로 끝나는 4년 후. 부르기 쉽게 '444효과'라고 이름까지 붙어있다.

미국이 금리를 올린 다음 4년 후 우리나라에 충격이 왔다는 점을 고려했을 때 앞으로 대한민국의 부동산은 상승할 것인가 하락할 것인가. 이에 대한 실마리를 찾을 수 있다. 그렇다. 이 질문에 대한 답을 찾아보기 위해서는 '미국 기준 금리'와 '4년의 시간차'를 살펴보면 된다.

미국이 기준 금리를 올린다면 4년 후 대한민국 부동산은 대폭락기를 맞이할 수밖에 없다. 미국의 기준 금리가 그만큼 강력한 힘을 가지고 있기 때문이다. 이미 알고 있듯이 미국은 2022년부터 꾸준히 기준 금리를 올리겠다는 계획이다. 우리나라 부동산 시장을 흔들고 싶어서 그러는 것이 아니라 미국 자체의 인플레이션을 통제하기 위해 금리 인상이라는 카드를 쓰려는 것이다. 미국의 기준 금리 인상은 2022년에 시작해서 적어도 2024년까지 지속적으로 시행되지 않을까 예상된다. 이미 2022년 6월 자이언트 스텝이라해서 0.75%p를 올린 상태다. 미국의 심각한 물가 상승을 잡기 위해 앞으로 또 얼마만큼의 강력한 금리 인상이 있을지 귀추가 주목되는 상황이다.

현재까지의 계획은 2023년 말까지 지속적으로 금리를 올린다는 것인데 2023년 말에 상승세가 마무리될지 2024년 이후에도 계속될지는 아무도 모른다.

미국이 본격적으로 기준 금리를 올리겠다는 발표를 했으니 미리 마음의 준비를 해야 한다. 부동산 대폭락기가 시작된다는 뜻이기 때문이다. 지금처럼 '부동산 가격이 상승하고 전세 가격이 오르는데, 설마 부동산 가격이 떨어지기야 하겠어?'라고 생각할 수 있다. 끝자리가 어떻고 4년 후에 폭락하고 하는 것들이 아주 단순한 우연의 일치라고 생각할 수도 있다.

2022년에 미국 기준 금리가 오르기 시작하고 4년 후인 2026년이면 부동산 가격이 폭락할 가능성은 분명히 있다. 이러한 미국 기준 금리에 더해 윤석열 정부의 주택공급 계획 250만 호 계획이 2026년에는 마무리된다. 기준 금리는 오르고 주택공급은 충분한 상황이 되는 것이다. 부동산 가격이 하락할 수밖에 없는 조합 아닌가.

규제 완화 정책

윤석열 정부는 취임 초기부터 과거 문재인 정부의 잘못된 부동산 정책을 바로잡을 것임을 천명했다. 특히 과거 정부에서 수요 억제를 위해 징벌 수준까지 끌어올렸던 수많은 대책을 대부분 폐지 또는 완화하겠다는 계획을 가지고 있다. 28회에 걸쳐 발표되었던 대책을 대폭 수정함으로써 지난 정책의 부작용을 없애겠다는 것이다.

일반적으로 부동산 규제가 강화되면 부동산 가격은 하락하고, 규제가 완화되면 부동산 가격은 오른다. 과거 정부들은 부동산 시장이 과열되면 진정시키기 위해 세금이나 금리를 올려 수요를 억제했고, 부동산 침체기가 길어지면 경기부양을 위해 규제를 풀어주는 정책을 반복해왔다. 그런데 문재인 정부의 부동산 대책은 기존의 일반적인 경우와 달랐다. 시장 진정을 위해 규제를 강화했으나 가격은 계속 오르는 현상이 28회에 걸쳐 반복되었던 것이다. 앞서 보았듯, 문재인 정부의 부동산 정책은 일부 경제 상황의 탓도 있다.

아이러니하게도 윤석열 정부가 규제 완화를 추진해도 오히려 부동산 시장은 진정세를 보이다가 이후 지속적으로 침체할 것으로 예상된다. 규제 완화의 종류별로 그 침체의 근거를 확인해보기로 하자.

임대차 3법 개편

임대차 3법은 전세 가격의 급상승을 불러일으켰다. 그리고 임대료 상승은 매매 가격의 상승으로 이어졌다. 아직 폭탄의 불씨는 남아있는데, 바로 2022년 7월 31일부터 시작될 전월세 재계약 행렬이다. 2020년 7월 31일부터 시작된 임대차 3법으로 임대인들은 기존 세입자에게 전월세를 주고 강제로 2년을 더 기다려야 하는 상황이었는데, 2022년 7월 31일이 2년이 되는 시기이다. 봉인이 풀리는 것이다.

원희룡 국토교통부 장관은 임대차 3법에 대해 근본부터 개선할 수 있는 방안을 마련하겠다고 했다. 그런데도 윤석열 대통령 임기 초반, 즉 2022년과 2023년에는 임대차 3법의 부작용을 계속 겪을 것으로 보인다. 의회 다수를 차지하는 더불어민주당에서는 임대차 3법을 그리 쉽게 풀어줄 것 같지도 않기 때문이다.

임대차 3법의 부작용이 본격화되는 2022년 7월 31일부터는 단기적으로는 전세 가격 급등을 겪겠지만 이후 추가적인 상승은 어려울 것이다. 2022년 말부터는 임대차 3법, 그중에서도 '계약갱신청구권'으로 인한 임대료 상승은 어려울 것으로 예상된다. 이유는 앞서 설명했던 미국발 금리 인상으로 인한 우리나라 전세대출 금리의 상승이다. 집주인은 시세대로 임대료를 올려받겠다는 계획이겠지만, 세입자들은 대출이자 부담으로 대출을 무리하게 얻어가면서까지 임대료를 올려줄 여력이 부족해질 것이다. 임대료를 올리고자 하는 집주인, 대출을 더 이상 얻을 수 없는 세입자. 이 두 주체들이 점점 균형을 이루면서 2022년 말부터는 전월세 가격의 폭등은 아마도 없을 것으로 예상한다.

여기에 더해 윤석열 정부는 임대차 3법에 대한 대대적인 개편을 추진하고 있으니 전월세 가격을 기존처럼 4년 후를 바라보고 현재의 가격에 미리 반영하는 일도 줄어들게 될 것이다. 다시 말해 전월세 가격이 점차 안정화될 것으로 예상된다.

앞서 설명한 바와 같이, 부동산 매매 가격은 전월세 가격이라는 '현재가치'와 미래의 상승에 대한 기대감인 '미래가치'의 합계이다. 즉 주택의 전월세 가격은 지금 형성된 교통, 학군 등의 요소를 더해 값이 정해지고, 주택의 매매 가격은 전월세 가격에 더해 향후 개발계획, 상승 기대감 등이 반영된 '희망'이 더해진 값이라 볼 수 있다. 아래와 같이 정리가 능하다.

주택 가격 = 현재 가치 + 미래가치

현재 가치 = 현재 시점에 반영된 순수한 거주 가치(현재의 교통망, 편의시설, 학군)

미래가치 = 미래 시점에 예상되는 투자 및 상승 기대감 (미래의 개발계획 등)

임대차 3법의 가장 큰 문제점은 전월세 가격에도 '투자'와 '희망'이 반영되도록 했다는 것이다. 즉 전월세 가격은 순수하게 현재의 거주와 연관된 가치를 제공해야 하는데, 계약갱신청구권은 현재의 가치에 더해 미래에 전월세 가격이 더 오를 것이라는 '기대'까지 가격에 반영되도록 했기 때문이다. 이와 같이 형성된 미래에 대한 기대가 반영된 전월세 가격은 다시 매매 가격에 영향을 미치는 악순환이 시작된다.

윤석열 정부는 전월세 가격에 대해 임대차 3법을 통한 '기대' 또는 '희망'을 배제하여 순수하게 거주 가치만 계산되도록 할 계획이다.

대출이자 부담으로 인해 전월세 가격 상승이 억제되고 여기에 추가하여 임대차 3법의 부작용이 해소되면 결국 수요와 공급은 균형을 이루고 전세 가격 안정화, 더 나아가 가격 하락까지 예상해 볼 수 있다. 4년 후를 내다보는 전월세 가격과 2년 후를 내다보는 전월세 가격은 분명히 다를 수밖에 없기 때문이다.

다주택자 양도세 폐지

다주택자에게 퇴로를 열어주는 다주택자 양도세 폐지 역시 공급을 늘려 부동산 가격 안정으로 연결될 것이다. 과다한 중과세로 인한 부작용, 즉 매물 잠김 현상이 해소될 수 있기 때문이다. 현재는 2022년 6월에서 2023년 6월까지 한시적으로 다주택자 양도세 배제를 해주는 것으로 되겠지만 향후 부동산 가격 안정에 도움이 된다는 인식이 퍼지면 결국 다주택자 양도세를 폐지하는 쪽으로 가닥이 잡힐 것이다.

〈문화일보〉 2022년 4월 1일 기사에 따르면, 서울 동대문구와 성동구 등에서 기존 시세 대비 하락한 매물들이 등장했다고 한다. 다주택자 양도세를 유예 또는 폐지한다는 것은 부동산 시장에 두 가지 효과를 기대할 수 있다.

첫째는 매물 잠김 해소다. 세금이 부담스러워 집을 팔고 싶어도 팔지 못했던 다주택자들이 집을 매물로 내놓을 수 있도록 유도하는 효과를 얻게 해준다.

둘째는 호가 하락이다. 세금을 내고 나면 남는 것이 없다는 이유로 집주인들은 현 시세를 고집해왔다. 세금이 중과세되지 않는다는 것은 세금을 이유로 가격을 더 올려받고자 하는 이유를 줄이면서 동시에 재정 상황에 따라 급매로라도 매물을 내놓을 수 있도록 한다. 세금 부담이 줄어들었기에 어느 정도 이익을 얻은 다주택자들은 굳이 현시세를 고집하거나 가격을 올려받을 이유가 없어지는 것이다.

다주택자들 입장에서는 모든 매물을 시세보다 올려서 팔 수 있으면 가장 좋은 경우겠지만 꼭 그렇지 않더라도 비인기 지역의 매물 또는 현재 보유한 1채의 세금 절감을 위해 나머지 주택들은 시세보다 낮게라도 급하게 처분할 수 있게 된다. 다주택자 양도세 완화 및 폐지로 인해 적어도 매물 잠김에 의한 주택 가격 상승요인은 사라지게 될 것으로 기대할 수 있다.

금융 규제 완화

가계대출의 건전성 확보, 부동산 가격 안정화를 달성하겠다는 명분으로 지속 시행된 금융 규제는 무주택 실수요자들이 주택 구입을 할 수 없도록 역효과를 가져왔다. 금융 규제는 전체적으로 완화되어 실수요자들이 은행에서 대출받을 때 어려움이 줄어들 것이다. 그렇다면 실수요자들과 함께 다주택자들도 대출을 활용하여 주택을 매입하면 수요가 늘어나 가격이 다시 상승하지 않을까 염려할 수 있는데 그렇지 않다.

시장 원리에 따른 수요와 공급 균형이 맞춰지기 때문이다. 금융 규제 완화를 통해 은행 대출을 추가로 이용할 수 있더라도 대출금리를 감당할 수 있느냐가 변수가 된다. 너무나 당연하게도 대출을 많이 받을수록 대출 부담이 늘어날 수밖에 없고, 대출금리가 높아지면 감당할 수 있는 수준까지만 대출을 받고자 할 것이다. 대출금리 상승이 또 다른 대출 규제의 효과를 가져올 것이다. 정부에서 했던 대출 규제는 강압적으로 이루어져 실수요자들의 수요까지 억제했던 것에 비해 시장의 균형에 따른 대출 규제는 경제적 판단에 의해 이루어진다는 점에서 다른 접근이라 할 수 있다.

재건축, 재개발 활성화

윤석열 정부는 부동산 공급 확대를 위해 재건축과 재개발 사업에 대해 규제를 없애고 혜택을 부여함으로써 주택을 충분히 공급하고자 한다. 오세훈 서울시장 역시 기존의 재건축 관련 규제들을 완화함으로써 윤석열 대통령과 같은 정책 방향을 가지고 있는 상황이다.

재건축, 재개발 완화 정책은 단기적으로는 해당 단지들의 가격을 급

상승시키는 요인이 될 것이다. 지금까지 형성된 재건축 아파트들의 가격 특성을 보면 아파트 전세 가격이 매매 가격 대비 이상할 정도로 낮은 수준이었다. 그도 그럴 것이 재건축 대상 아파트는 결국 낡았다는 것이니 거주환경 측면에서 높은 가격을 받기는 힘들기 때문이다. 그런데도 매매 가격은 높았는데 이는 현재가 아닌 미래에 재건축 사업이 완성되었을 때의 시세가 미리 반영된 측면이 있다. 즉 재건축 대상 아파트들의 공통적인 특징이 전세 가격은 낮은데 매매 가격은 그에 비해 과다해 보일 정도로 높았던 것이다. 물론 이러한 기존의 일반적인 특징은 임대차 3법으로 정상적인 가격 책정이 왜곡되어 전세 가격 역시 너무나 올랐다는 문제점이 있긴 하다.

재건축, 재개발 대상 주택들의 가격이 '기대감'으로 인해 높게 형성되고, 주변 아파트들은 그로 인해 또 가격이 오르고, 주변 아파트 가격의 상승은 다시 재건축 대상 아파트들의 기대감을 더 올리는 또 다른 악순환이 재건축, 재개발 시장의 일반적인 모습이다. 이러한 와중에 재건축과 재개발 규제를 완화한다는 것은 역설적으로 추가적인 가격 상승을 저지할 것이다. 재건축을 한다는 그 자체가 호재로 작용했던 아파트들이 실제 재건축 추진에 따라 가격 상승의 호재가 사라지기 때문이다. 남은 호재는 완공 후 해당 아파트가 적어도 주변에 있는 기존 아파트들에 비해 높은 가격을 형성할 것이라는 점이다. 즉 재건축 추진 전에는 언젠가 재건축을 할 것이라는 사실 자체가 호재로 작용하지만, 실제로 사업이 추진되면 그와 같은 기대감에 근거한 호재는 사라지는 것이다.

윤석열 대통령 당선과 동시에 서울 강남의 재건축 대상 단지들은 매물이 사라졌고 호가 역시 상승하는 모습을 보였다. 사업 추진에 따른 기대감이 최고조에 달하는 모습이기도 하다. 일부에서는 "그것 봐라. 재건축 풀어준다니까 벌써 가격 오르지 않느냐"라고 비판할 수도 있다. 단기적으로는 재건축 대상 아파트, 재개발 대상 빌라들은 규제 완화 정책이 구체적으로 발표되고 실행되면 가격은 지속적으로 오를 것이다. 그 오르는 시점은 개발사업이 완료되고 주변에 충분한 공급이 있다고 판단되는 시점까지로 볼 수 있다.

Chapter 7

앞으로 5년,
대한민국 부동산 시장 전망

집값 안정을 위해
정책 신뢰도를 높여야 하는 정부

윤석열 대통령은 후보 시절 자신이 다시 찾아오겠다 약속했던 지역을 당선 이후 당선인 신분으로 다시 찾아가 감사를 표하고, 혼자 식사하지 않겠다고 했던 약속을 지키기 위해 인수위 위원들과 함께 식당을 찾는 모습을 보였다. 자신이 내뱉은 말은 꼭 지키겠다는 강한 의지를 보여주는 행동들이었다.

2022년 5월 3일 윤석열 대통령은 110개의 국정과제를 발표함으로써 대통령으로서 완성해갈 '할 일 목록To do list'을 발표했다. 부동산 관련해서는 기존의 공약과 연계되어 주택 250만 호 공급 등 공약을 비교적 잘 지켜내려는 모습을 보였다.

국정과제에서 누락된 부동산 정책

부동산에 관련된 사항은 아니지만, 국정과제가 발표된 이후 많은 논란이 있었다. 후보 시절 공약했던 내용들이 슬그머니 바뀌거나 없어진 것들이 여럿 있었기 때문이다. 대표적인 것이 7글자 공약으로 유명했던 '여성가족부 폐지'다. 폐지를 약속했던 여성가족부에 대해 장관 후보자를 임명하고 국정과제 110개에서도 언급이 없다.

군 병사의 월급을 200만 원으로 올리겠다는 공약 역시 2025년부터 병장계급에 적용하고 이것도 '200만 원에 준하는 혜택'을 주겠다는 내용으로 변경했다. 사드 추가 배치 공약에 대해서도 추가 배치는 확정은 아니고 다양한 방법을 검토하겠다는 입장이다.

공약은 했지만, 국정과제가 되지 못한 항목들은 '약속을 지키는 윤석열'이라는 이미지를 훼손시킬 여지를 줬다. 국가 경제 상황을 고려하여 우선순위를 정하는 과정에서 예산이 많이 소요되는 공약들은 후순위로 미뤄두었다는 것으로 이해해 볼 수 있다. 걱정되는 것은 주택공급 역시 '예산'의 부족을 이유로 미뤄질 가능성이 있다는 것이다. 공공임대주택은 많은 국가 예산이 소요되는 일이다. 집 한 채를 공급하는데 2억 원 정도의 원가를 고려하면 50만 호에 필요한 재원은 100조 원이 필요하다. 5년간으로 나눈다고 해도 매년 20조 원이라는 큰돈이 들어간다.

대통령과 생각이 다른 국토부 장관

윤석열 대통령은 부동산 이슈 해결사로 원희룡 전 제주지사를 임명했다. 큰 그림은 대통령이, 이에 따른 세부적인 그림은 원희룡 국토부 장관이 담당하는 시스템이다. 그런데 원희룡 장관은 인수위와 장관 후보자 시절 부동산 정책 방향에 대해 윤 대통령의 방향과 약간 노선을 달리하는 견해를 밝혔다. 대통령이 1기 신도시 특별법을 제정하여 주택을 공급하겠다는 공약을 발표했으나 원희룡 장관은 "1기 신도시 재건축을 중장기 과제로 검토하겠다", "공약 계획대로 새 정부 임기 내에 질서 있게 추진할 것"이라 했다. 이러한 발언들은 공약 이행에 대해 속도 조절을 하는 것이라 이해될 여지가 있었다. 이에 안철수 인수위 위원장은 "차질 없이 추진하겠다", 윤석열 대통령은 "신속하게 추진하겠다"라고 말하며 공약 이행 의지를 재확인시켰다.

금융 규제 완화에 대해서도 윤석열 대통령은 '전면 완화' 의지를 가지고 있으나 원희룡 장관은 '일부 완화'를 고려하고 있다. LTV는 공약대로 최대 80%까지 상승시키되, DSR은 직전 정권의 규제를 그대로 유지하겠다는 입장을 밝힌 것이다. 인사청문회에서 밝힌 바에 따르면 DSR에 대해 '전반적으로 강화하되, 청년들은 완화해야' 한다는 취지의 의견을 밝혔다. 아마도 부동산 시장 안정화뿐만 아니라 심각한 가계부채 관리도 염두에 두지 않았나 싶다. 실제로 가계부채는 상당히 위험한 수준까지 증가하고 있다.

가계부채가 지속적으로 증가하면 이자 부담이 커져서 국가 경제가 어려워지기 때문에 무리한 대출은 피해야 한다. 특히 미국 기준 금리의 상승으로 인해 한국의 기준 금리도 지속적으로 상승할 것으로 예상되는 현 상황에서는 관리가 더욱 필요하다. 부동산 규제 완화를 위해서는

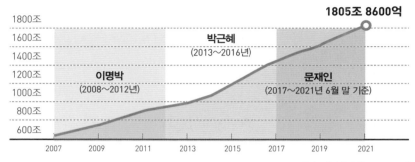

[7-1] 연도별 가계부채 추이

(단위 : 원, 연말 기준/2007년~2021년)

1805조 8600억

1800조

1600조

박근혜
(2013~2016년)

1400조

1200조

이명박
(2008~2012년)

문재인
(2017~2021년 6월 말 기준)

1000조

800조

600조

2007 2009 2011 2013 2015 2017 2019 2021

출처 : 아시아경제(2021. 10. 18.)

DSR 규제를 완화해야 하고, 국가 경제 건전성을 위해서는 DSR 규제를 강화해야 하는 상황에서 원희룡 장관은 국가 경제의 건전성을 택한 것이다.

공약과 다른 정책

국가 경제 차원과 정부의 예산 문제로 인해 부동산 공약이 슬그머니 변경될 가능성이 보인다. 윤석열 정부는 '한 번 발표한 공약은 무조건 지켜내겠다'가 아니라 현실에 맞게 조정해가면서 유연하게 정책을 운영하겠다는 입장이다. 과장해서 표현하면, 부동산 정책 전면 재검토 역시 가능성이 있다는 뜻이다.

토지거래 허가구역의 사례를 보자. 자유롭게 사유재산을 처분하고 매입할 권리가 보장되는 것이 당연한 데도 정부는 서울 일부 지역에 대해 '투기의 가능성이 있고, 가격이 급등하는 지역'이므로 주택을 거래할 때 정부(정확히는 지자체)의 허락을 받아야 한다고 정해 놓았다. 윤석열 대통령의 경제철학과 전혀 부합하지 않지만 해당 지역들의 상승세가 너무 강력해서 어쩔 수 없이 지정 기간을 연장했다고 한다. 공약에 맞지는 않지만 현실과 타협하는 모습이다.

'재건축 초과이익 환수제(재초환)'도 유사한 상황이다. 자본주의에 역행하는 위헌적 요소가 많은 제도라 비판하던 재초환 역시 원희룡 지사는 당분간 건드리면 안 된다는 입장이다. 재건축 아파트에 대해 기존 규제를 '폐지'해야 한다는 것에서 '신중'으로 한발 물러난 모습이다. 원희룡 장관은 아파트 재건축 사업의 가장 큰 제도적 걸림돌로 작용하는 '안전진단'에 대해서도 역시 폐지에서 신중으로 물러났다. 원희룡 장관의 before & after 발언들을 비교해보자.

Before : 대선후보 경선 당시–재건축 규제에 대해

"아파트 재건축을 막고 있는 주범이다."

"엄연한 개인의 사유지에 대한 재산권 침해다."

"(완화 시)공급이 늘어 가격 안정 효과가 더 크다."

After : 국토교통부 장관 후보자 청문회 – 재건축 규제에 대해

"잘못된 가격 신호로 갈 수 있는 규제 완화는 청사진에 없다."

"대선 후보 당시와 방향은 같지만 단기적으로 가격을 불필요하게 자극하는 안전진단. 재초환은 당분간 건드리면 안 된다고 생각한다."

정부의 부동산 정책은 부동산 시장에 가장 큰 영향을 미치는 요소라 볼 수 있다. 주식도 그렇고 부동산도 그렇고 시장은 불확실성을 매우 싫어한다. 윤석열 정부는 집권 전에는 이전의 모든 부동산 규제를 '적폐'로 규정하여 집권과 동시에 모든 것을 폐지할 것이라 공언했지만 실제 취임해보니 그럴 필요까지는 없다고 생각하는 것 같다. 향후 정부의 부동산 대책은 기존의 규제를 그대로 두면서 일부만 수정하는 모습을 보일지도 모른다. 큰소리는 쳤지만, 막상 상황을 보니 이전의 대책들이 다 이유가 있었다는 것을 발견하는 과정을 겪게 될 것으로 생각된다.

시장을 움직이는 정책 신뢰도

과연 윤석열 정부의 부동산 정책은 시장에 어떻게 받아들여질까? 예상 시나리오는 이렇다. 만일 후보자 시절의 공약들이 다 지켜진다는 신호를 줄 수 있으면 부동산 시장은 '주택공급 역시 공약대로 지켜질 것이다'라는 믿음을 주고 부동산 시장을 안정화할 수 있을 것이다.

부동산 가격 측면에서 보면 윤석열 정부는 운이 좋은 편이다. 의도하지는 않았지만, 미국이 기준 금리를 올리면서 우리나라 역시 대출금리를 강제로 올려야 하는 상황이기 때문이다. 대출금리 부담으로 수요가 진정되고 부동산 가격을 안정시킬 수 있는 시기를 맞이할 수 있다. 다음 정부가 들어설 때 적어도 부동산 가격은 확실하게 안정시킨 정부로 인식될 수 있을 것이다.

만일 새로 들어선 정부가 과거의 수요 억제 정책을 그대로 답습하고 정책의 신뢰를 국민에게 주지 못하면 '이번 정부도 이전 정부와 똑같다'라는 인식이 퍼지면서 고금리에도 불구하고 추격매수, 영끌매수 현상이 더욱 심화될 수도 있다. 이전 정부처럼 서울 강남 지역의 재건축 아파트 규제를 유지하면 '똘똘한 한 채', '매물 잠김 현상'이 다시 발생하고 그에 따라 부동산 가격은 전국적으로 2차 대세 상승기를 맞이하게 될 것이다.

주택공급 성패가 집값을 결정한다

주택공급은 윤석열 정부의 핵심 공약이다. 주택을 250만 호 공급해서 시장을 정상화하겠다는 것이다. 과연 이 공약은 지켜질 수 있을까? 공약대로 된다면 윤석열 대통령은 앞으로 영원히 '정권별 아파트 가격 상승률'에서 낮은 상승률 혹은 마이너스 상승률을 기록한 모범 지도자로 기록될 것이다. 반대로 주택공급에 실패한다면 최악의 오명을 뒤집어쓸 것이다. 그러면 '부동산 관리에 실패한 문재인 정권에 대한 불만을 이용해서 당선되었으나 결국 기존 정권처럼 부동산 관리에 실패한 지도자'로 기억될지도 모른다.

주택공급의 성공 시나리오

윤석열 정부는 250만 호 주택공급을 약속했다. 공약집을 보면 5년간 250만 호 공급으로 연평균 50만 호의 주택을 공급하겠다는 계획이다. 수도권에 최대 150만 호, 기타 지역에 100만 호를 공급하겠다는 내용이 후보 시절 공약에 있고, 110대 국정과제 발표에도 관련 내용이 수록되어 있다.

공약을 보면 수도권과 기타 지역을 구분하여 물량을 정하는 것에 그치지 않고 방법을 어떻게 할 것인지도 세부적인 설명이 포함되어 있다. 재건축, 재개발에 대해서는 정밀안전진단 기준 합리화, 재건축 초과이익 부담금 완화, 신속통합 인허가, 용적률 인센티브 등의 수단을 활용하겠다는 계획까지 준비되어 있다.

국정과제에서 제시된 내용은 로드맵을 수립하겠다는 것만 나와 있어서 아직까지 세부적인 공급계획까지는 확정되어 있지 않다. 하지만 전체적인 틀에서 보면 5년간 250만 호, 특히 수도권에 연간 30만 호씩 최대 150만 호 공급하겠다는 계획은 이상 없이 진행될 것으로 보인다. 이전 문재인 정부에서 임기 말 주택공급 확대를 위해 미리 준비한 계획이 있다. 2020년 8월 13일에 발표한 수도권 127만 호 주택공급 계획이 그것인데, 이 계획만 제대로 실행된다면 윤석열 정부는 주택공급에 대해 특별히 고민할 것 없이, 여기에 재건축 활성화, 1기 신도시 물량 증가만 추가하면 된다.

윤석열 정부는 이미 문재인 정부에서 깔아놓은 꽃길을 그대로 밟아가면 되는 셈이다. 꽃길을 걸으며 윤석열 정부만의 주택공급 계획인 1기 신도시 개발, 청년원가주택 등의 방안을 중간중간 발표하면서 주택공급의 과정과 성과를 즐기기만 하면 될 것이다.

주택공급이 성공적으로 이루어지게 되면 수요와 공급의 균형이 안정적으로 이루어진다. 여기에 더해 부동산에 대한 투자 심리 역시 진정될 수 있다. 공급이 부족하지 않은데 굳이 서둘러 주택을 매입할 필요가 없기 때문이다. 특히 '오늘이 가장 싼 거다'라는 조바심이 없어진다면 주택에 대한 투기적 수요, 가수요 역시 낮아질 것이니 가격은 정상적으로 가치에 맞게 조정될 것이다.

주택공급의 실패 시나리오

주택공급은 냉정하게 이야기하자면 실패할 확률이 더 높다. 아파트가 지어지는데 대략 1년 6개월이 필요하다는 물리적 제약 때문이다. 오늘 당장 대한민국의 모든 재건축에 대해 안전진단을 생략하고 용적률 500%를 적용해서 조건 없이 추진하겠다고 정부가 결정해도 조합 결성하고 아파트 단지 이주하는데 6개월, 공시 기간 1년 6개월 이렇게 최소 2년은 필요하다. 윤석열 정부 임기가 시작된 2022년 5월부터 재건축 사업이 시작된다 해도 2년 후인 2024년 5월에 입주할 수 있다. 특히 재건축 사업 진행의 장애물 중에서 재건축 초과이익 부담금은 당분간 완화되지 않을 것으로 보인다. 원희룡 국토교통부 장관이 전면 폐지는 계획 없음을 밝혔기 때문이다.

1기 신도시 특별법으로 양질의 주택 10만 호를 공급하겠다는 계획 역시 계획에 그칠 가능성이 높다. 이주수요를 감당하기 어렵기 때문이다. 단순 계산해보자. 1기 신도시를 특별법으로 재건축, 리모델링 등을 자유롭게 할 수 있도록 해준다고 하면, 5곳의 1기 신도시에 총 30만 가구가 있으니 매년 한 개의 신도시에서 6만 가구의 이주 수요가 발생한다. 이러한 이주 수요 때문에 전세 가격이 상승하고 다시 매매 가격이 상승하는 일이 5년간 계속될 수도 있다는 뜻이기도 하다. 윤석열 정부는 서울 강남 지역의 아파트들이 가격 상승한다는 이유로 토지거래 허가를 연장했다. 즉, 가격 상승하는 조짐이 보이자 이전 정권과 마찬가지로 수요 억제에 집중하는 정책을 사용했다.

아파트 몇 개 단지의 값이 오른다고 토지거래를 막는 윤석열 정부가 과연 1기 신도시와 그 주변 지역의 전세 가격과 매매 가격이 한꺼번에 오르는 정책을 시행할 수 있을까? 아마도 그렇지 않을 것이다.

문재인 정부가 경제학을 몰라서 수요 억제를 한 것은 아니다. 근본적인 대책 수립의 필요성을 충분히 인지하고 있었으나 단기적으로 부동산 가격이 폭등하는 상황에 대응하기 위한 응급처치들이었을 뿐이다. 28회에 걸친 부동산 대책은 이러한 응급처치들의 횟수라 할 수 있다. 윤석열 정부 역시 응급처치만 하려는 경향을 보이는 듯하다. 부동산 급등을 감수하고서라도 재건축 관련 규제를 풀어야 한다는 것을 모르지 않을 것이다. 그런데도 윤석열 정부는 규제를 완화하는 순간 부동산 가격이 더욱 급등할 것이 예상되기에 어쩔 수 없이 기존 규제를 유지할 수밖에 없는 것이다.

또 하나 변수가 있으니 경제성이다. 재건축이나 재개발, 리모델링 등의 개발사업이 법적인 규제만 완화시킨다고 쉽게 추진되는 것은 아니다. 주택 소유자들은 개발사업으로 얻을 수 있는 이익을 계산해서 사업의 진행 유무를 결정한다.

안전진단 규제를 완화하여 재건축을 쉽게 추진할 수 있게 된다 해도 재건축 초과이익 환수제를 통해 시세차익 1억 원 이상이면 50%를 세금으로 내야 하니 경제성이 떨어질 수밖에 없다. 재건축을 해서 시세가 오르면 시세차익의 절반을 세금으로 내야 하기 때문이다. 재건축 단지들은 또다시 정권이 바뀌기만을 기다리면서 가격이 오르는 상황을 즐기게 될지도 모른다.

윤석열 정부는 나름대로 규제를 완화한다는 생각으로 시세차익 1억원이 아닌 3억 원부터 50%를 내도록 기준을 변경해주겠다는 계획이다. 소유주들 입장에서는 큰 차이가 없다. 아예 폐지가 되지 않는 이상 재건축 사업은 쉽게 진행되지 않을 것이다.

재건축 사업도 그렇고, 1기 신도시 사업도 그렇고, 제대로 진행이 안 될 가능성이 매우 크다. 남은 것은 공공택지와 노후 주택을 재개발해서 주택을 공급하는 사업인데, 이것 역시 쉬워 보이지 않는다. 대표적 사례인 태릉골프장을 보자. 2020년 8월에 1만 호의 주택을 공급하겠다는 계획이었는데, 해당 지역의 주민과 지자체가 개발사업을 반대했다. 2021년 8월 기준 진행 상황을 보면 최초계획 1만 호에서 6,500호로 공급 규모가 35% 축소되었다. 공공택지 공급 추진 물량은 총 142만 호에 달한다. 만일 태릉골프장 사례가 다른 곳에 적용된다면 공공택지 물량은 100만 호 미만이 될 것으로 보인다.

만약 주택공급이 실패한다면 부동산 시장은 어떻게 될까? 주택공급 부족이라는 인식이 퍼지는 순간 부동산 가격 상승, 이에 따른 부동산 수요 억제 대책 발표와 부동산 추가 상승의 순환이 시작된다. 부동산만 놓고 보면 문재인 정부 시즌 2가 될 가능성이 크다. 변수는 미국의 금리 상황이다. 수요가 폭발적으로 늘어난다 해도 높아지는 대출금리에 수요가 갑자기 증가할 수는 없을 것이다. 그런데 서울 강남 지역의 고가 아파트들은 이미 대출없이 현금만으로 거래하고 있다는 점을 고려하면 부동산 상승세를 꺾지는 못할 것이다. 주택공급의 실패는 결국 실수요자와 서민의 부담만 늘리는 최악의 결과를 맞이하지 않을까 싶다.

극명해지는 부동산 시장의 양극화

아파트 시장은 윤석열 정부에서 어떤 모습을 보일까? 전체적인 지표는 일정 기간 상승도 하락도 없는 정체기를 보이다 하락세로 전환할 것이다. 다만, 일부 지역의 아파트는 전체적인 부동산 시장의 모습과 별개로 정부 정책의 수혜를 입거나 수요 증가로 인한 가격 상승이 예상된다. 온 나라가 망할 것이라던 IMF 시기에도, 매출이 상승한 기업은 분명히 있지 않았던가. 마찬가지다. 전체적인 모습은 하락세라 할지라도 일부 단지, 일부 지역은 나 홀로 상승하는 모습을 보일 것이다.

심화되는 서울과 지방의 집값 양극화

서울 인기 지역의 아파트와 지방 아파트는 서로 다른 모습을 보일 것이다. 수요가 몰려 가격이 지속해서 상승하는 서울의 아파트와 대조적으로 지방 아파트는 수요 감소로 인해 가격 하락을 겪을 것으로 보인다.

이러한 양극화의 가장 큰 원인은 '똘똘한 한 채' 수요 때문이라 할 수 있다. 문재인 정부가 아무리 세금과 금융 규제로 부동산 수요 억제를 해왔어도 가급적 건드리지 않았던 것은 1가구 1주택에 대한 세금 혜택이었다. 주택을 한 채만 소유하고 있으면 투기가 아니라고 인정해 줬던 것이다. 상황을 가정해보자.

만일 서울과 지방에 있는 아파트가 값도 같고, 크기도 같다면 당신은 둘 중 어디를 선택할 것인가? 특별한 사정이 있지 않다면 서울을 선택할 것이다. 이러한 선택은 다주택자들도 마찬가지다. 굳이 하나만 남겨두어야 한다면 가장 가격이 많이 오를만한 것을 남겨 두고 나머지를 처분하게 된다. 그 한 채가 서울에 있을 가능성이 가장 높다.

1주택자도, 다주택자도 서울과 지방 아파트 중 하나만 선택해야 한다면 서울을 남길 것이다. 서울은 계속 가지고 있으려는 수요가 유지되고 지방은 처분하려는 공급이 많아진다. 특히 대출 부담이 높아지고 부동산 공급이 많아지는 상황이 본격적으로 시작되면 서울 수요는 더욱 많아질 수밖에 없다. 상대적으로 지방은 사겠다는 수요보다 팔겠다는 공급이 더 많아짐에 따라 가격은 하락세로 흐를 것이라는 예상이 가능하다.

지방 아파트가 가격이 올랐던 요인을 되짚어보면 '규제지역이 아니라서' 오른 지역도 많이 있다. 이런 지역의 아파트가 가장 먼저 가격이 하락할 가능성이 크다. 지역의 개발 호재가 뒷받침되지 않은 상태에서 단순히 '비규제지역'이기 때문에 투자 수요가 몰렸던 곳은 앞으로 투자 수요가 감소하면서 가격이 하락할 것이다.

예를 들어 경기도 이천이 그렇다. 2022년 2월 한국부동산원 주간 아파트 가격 동향을 살펴보면, 경기 이천의 아파트 매매 가격은 최근 2개월간 0.77% 상승했다. 이는 강원 속초(1.02%)에 이어 전국에서 두 번째로 높은 상승률이다. 같은 기간 수도권과 서울은 각각 0.02%, 0.01% 상승에 그쳤다는 점을 고려하면 상당히 높은 상승률을 보인 셈이다. 상승률만 놓고 보면 서울 상승 폭 대비 7배에 달했다. 이천이 이렇게 강한 상승세를 보였던 이유는 '수도권에 얼마 남지 않은 비규제지역'이었기 때문이다. 그런데 앞으로 규제지역, 비규제지역의 구분이 사라지게 되면 경기도 이천의 아파트 가격은 다른 지역에 비해 좀 더 빨리 하락할 수 있다.

마침 경기도 동두천 사례가 이러한 지방 아파트 하락의 힌트를 보여주고 있다. 2021년 8월 23일 자 〈조선비즈〉에 '올해만 35% 폭등한 동두천, 갭투자 비율도 1위'라는 제목의 기사가 나왔다.

2021년 8월 기준, 동두천은 연 초대비 경기도에서 집값 상승률이 가장 높았던 지역이다. 8개월 만에 35% 상승이라는 극단적인 상승세를 보였다. 동두천 소재 '송내주공 5단지'의 가격이 1월에는 1억 9,000만 원에서 7월엔 3억 2,000만 원으로 매매 가격이 1억 3,000만 원 상승했다. 비율로 따져보면 68% 상승한 셈이다. 이러한 상승의 주요 요인은, 첫째 비규제지역이라는 점. 둘째 공시지가 1억 원 이하로 취득세 중과 대상이 아니라는 점을 들 수 있다.

이렇게 급격하게 상승하던 동두천이 같은 해 8월 말 규제지역으로 지정되자 이번에는 '외지인 다 빠져나갔다. 동두천 아파트 반값 비명'(〈머니투데이〉 2021년 12월 7일 자)이라는 뉴스가 나왔다. 기사에 따르면 직전 최고가 2억 8,000만 원 아파트가 1억 6,500만 원에 거래되고, 1억 4,800만 원이던 아파트가 반값도 안 되는 7,000만 원에 거래되었다고 한다. 외지인에 의해 가격이 올랐는데 외지인에 의해 가격이 내려간 셈이다.

향후 부동산 시장의 양극화는 수도권과 지방으로 나뉘는 모양새를 나타낼 것이다. 수도권이 규제지역으로 지정되면서 지방으로 몰렸던 투자 수요가 다시 수도권으로 몰리고 이에 따라 지방은 수요가 줄어들어 가격이 하락하는 모습을 보이게 되는 것이다.

서울 집값의 뚜렷한 양극화 시작

양극화는 서울 내에서도 심하게 나타날 것이다. 서울이라고 무조건 다 오르는 것이 아니라는 뜻이다. 같은 서울이라 하더라도 자치구가 25개로 이루어져 있기 때문에 자치구별로 아파트 가격의 흐름은 각기 다른 모습을 보이게 될 수밖에 없다.

서울 강남 지역과 한강에 접한 지역은 상승하는 지역으로 볼 수 있다. 일종의 정책 수혜주라고 볼 수 있는데, 서울 강남구를 비롯한 강남 3구는 재건축 기대감과 똘똘한 한 채 수요에 의해 윤석열 정부에서 강한 상승세를 지속할 것으로 예상된다. 성동구, 여의도 등 한강을 접하고 있는 자치구 역시 강한 상승세가 예측된다. 특히 한강 변 지역은 오세훈 서울

시장이 과거 '한강 르네상스 계획', '디자인 서울' 등을 발표했던 점을 고려하면 한강 주변에 위치한 아파트들의 재건축과 개발이 신속하게 이루어질 것으로 예측된다.

이에 비해 기타 지역의 상승세는 강남 3구보다 강하지는 못할 것이다. 특히 서민아파트 밀집 지역으로 인식되는 노도강(노원, 도봉, 강북)의 아파트들은 지루한 보합세 이후 소폭 하락이 예상된다. 노도강 지역은 이미 문재인 정부에서 많이 상승했기에 때문에 추가적인 개발 호재가 있지 않는 한 가격이 더 올라가기 힘들다.

노도강을 비롯한 금천, 구로 등의 비강남지역의 상승은 강남아파트의 상승이 주요 원인이라 할 수 있다. 강남 지역의 아파트 가격이 급등함에 따라 비강남 지역의 가격이 상대적으로 저렴해 보여 실거주 및 투자 수요를 모을 수 있었다. 그런데 교통 여건이나 개발 호재 등, 부동산의 가치를 올린 특별한 요인이 없다는 것은 가격 하락의 원인이 될 수 있다.

밝지 않은 빌라의 투자 가치

다세대주택, 일명 빌라는 어떤 흐름을 보일까? 빌라는 참으로 예측하기 어렵다. 2000년대 들어서기 전까지 빌라는 서민을 위한 저품질 주택이었다. 빨간 벽돌로 지어진 주택들은 부실 공사로 지어져 누수와 균열로 집주인과 세입자 간의 분쟁 원인이 되기도 했다. 또, 건폐율이 제대로 적용되지 않았던 시절에 지어졌던 빌라는 오밀조밀하게 지어져 창밖으로 손을 뻗으면 옆 건물에 닿을 정도인 건물도 있었다. 빌라는 아파트에 들어가지 못하는 사람들이 선택하는 아파트 하위 호환 주거 형태라는 인식이 많았고, 가격 역시 오를 일 없는 물건이었다.

빌라의 주목기와 암흑기

아파트 하위 호환으로 인식되던 빌라가 2000년대 들어 투자 상품으로 새롭게 인식되는 계기가 있었다. 바로 '뉴타운 사업'이다. 노후 지역의 빌라들을 하나로 묶어 대규모로 개발하는 사업으로 인해 사람들은 빌라도 돈이 된다는 것을 깨달았다. 2002년 당시 이명박 서울시장이 시범적으로 지정했던 길음, 은평, 왕십리에서 빌라 가격은 폭등에 가까운 수준으로 올랐다. 빌라를 하나 가지고 있으면 아파트 입주권이 하나 나오는 상황이었으니 빌라 한 채는 곧 아파트 한 채와 같은 대접을 받았던 것이다.

그런데 2011년부터 2020년까지 재임했던 고 박원순 서울시장은 재개발, 뉴타운 사업을 올스톱시켰다. 옹기종기 정겹게 살아가는 사람들을 몰아내고 그 자리에 부자들을 위한 아파트를 지으면 안 된다는 철학 때문이었다. 이로 인해 빌라는 가격 정체기를 길게 겪어야 했다. 뉴타운으로 기존에 지정되었던 지역마저도 지구 지정을 취소했으니 이 시기의 빌라는 일부 사업이 진행되는 뉴타운 지역을 제외하고 전체적으로는 가격 측면에서 하락할 수밖에 없었다.

신축 빌라 하락, 노후 빌라 소폭 상승

우선 결론은 이렇다. 신축 빌라는 가격 하락세, 노후 빌라는 소폭 상승할 것이다. 그 이유를 설명하면, 신축 빌라는 새로 뽑은 자동차와 같다. 새 차는 키를 꽂는 순간 중고차가 되어 가격이 하락하는 것과 마찬가지로, 빌라도 새로 짓고 입주하는 순간 새집이 헌 집이 되어 가격이 떨어진다.

잠시 샛길로 빠져보자면, 최근 분양하는 신축 빌라들은 고급스럽게 지어 비싸게 분양하는 추세다. 과거와 달리 엘리베이터나 주차장이 있어야 한다는 각종 제한을 반영하다 보면 방이 작아질 수밖에 없다. 방이 작으니 마감재를 고급스럽게 하여 비싸게 분양한다. 눈속임하여 비싸게 파는 꼴이다.

신축 빌라는 투자목적으로 접근하면 손해 볼 수밖에 없다. 빌라 가격이 오르는 경우는 두 가지가 있는데, 첫째는 아파트 가격이 올라서 이에 대한 대체상품으로 빌라 수요가 늘어나 가격이 오르는 경우. 둘째는 노후 빌라가 재개발로 투자 수요가 몰리는 경우다. 신축 빌라는 앞서 나열한 두 가지 경우에 해당하지 않는다. 당분간은 아파트 가격이 오를 일이 없을 것이고, 신축 빌라가 재개발에 포함될 가능성도 작기 때문이다.

그렇다면 노후 빌라는 투자가치 측면에서 어떨까? 재개발 사업을 진행할 수 있다면 상승 가능성은 있다. 단, 서울시에서는 일정 지역에 대해 재개발 지역으로 지정 이후 거래하는 경우 아파트 입주권을 못 받고 공시지가 수준의 현금청산을 받도록 하고 있다. 즉, 개발계획이 발표된 후 투자목적으로 노후 빌라를 매입하면 오히려 손해 보는 구조를 만들어 놓았다. 재개발 등의 개발구역으로 지정되면 가치는 올라가지만 타이밍에 따라 이득과 손해가 나뉜다. 노후 빌라 소유자들 입장에서는 자신이 보유하고 있는 노후 빌라가 개발구역에 포함되기를 기다릴 수밖에 없다.

또 다른 개발사업은 '모아주택'이다. 최대 450평 내외의 노후 지역을 개발하는 사업을 가리키는데, 모아주택을 모으면 모아타운이 된다. 그러면 최대 3만 평까지 면적이 확장된다. 모아주택 또는 모아타운에는 중규모 아파트를 공급하기 때문에 기존 뉴타운처럼 가격이 상승할 여지가 많다. 다만 이러한 모아주택 사업은 각 지자체에서 개별 신청하여 서울시에서 검토 후 선별하도록 되어 있다. 소유자들의 의사와 상관없이 구역이 지정되기 때문에 역시 투자 목적에는 맞지 않는다. 그런데도 노후 빌라는 앞으로 재개발 가능성이 크기 때문에 급격하게 가격이 떨어지는 일은 없을 것이다.

빌라에 대해 요약하자면, 첫째 신축 빌라는 전체적으로 하락세, 둘째 벽돌집으로 대표되는 노후 빌라 역시 매매 가격이 상승할 여력은 많지 않다. 대신 개발구역에 포함되면 재산상의 이익을 많이 얻을 수 있다.

가장 위험한 오피스텔

정상적인 상황에서는 오를 일이 없어야 할 것이 바로 오피스텔이다. 오피스텔은 문재인 정부의 부동산 대책으로 수혜를 입은 경우다. 오피스텔은 기본적으로 재건축, 재개발에 따른 이익을 기대할 수 없는 상품이다. 그런데도 오피스텔에 투자 수요가 몰리고 가격이 올랐던 것은 앞서 보았던 지방 아파트와 같은 맥락에서 이해할 수 있다. 주택 수에 포함 안 되기 때문에 세금을 줄일 수 있고, 아파트와 빌라와 같은 주택에 대한 규제가 심해지다 보니 상대적으로 규제가 덜한 오피스텔로 수요가 몰린 것이다. 윤석열 정부에서 오피스텔은 정상적인 상황으로 돌아가 가격이 떨어지는 모습을 보일 수밖에 없다.

따뜻한 아이스커피 같은 오피스텔

오피스텔 매매 가격 지수를 살펴보면, 전국의 오피스텔 가격은 2020년 12월부터 1년 남짓한 기간에 매매 가격 지수는 99.99에서 102.72까지로 상승했다. 2022년 분양 중인 광진구의 A오피스텔 홍보문구를 보자.

- 자격 제한 없음. 주거용 사용 가능. 주택청약 시 무주택 인정 가능.
- 자금조달계획서 제출 및 증빙 의무 없음. 계약금 100% 중도금 무이자 대출 가능.

광고문구의 핵심은 간단하다. 매입에 따른 세금 부담이 적다는 것이다. 즉, 규제를 강하게 받지 않는 것이 호재라고 강조한다. 조금은 어이없는 광고다. 규제가 없는 것이 호재라니 말이다.

주택에 대한 규제가 완화되면 오피스텔의 수요는 줄어든다. 가장 먼저 지방 오피스텔의 수요가 줄어들고, 그다음 수도권을 거쳐 서울 오피스텔에 대한 수요 감소로 이어진다. 혹시 서울 핵심지역 오피스텔은 그래도 수요가 유지되지 않을까 생각해 볼 수도 있지만 그런 일은 없을 것이다.

오피스텔은 이미 상업지역에 용적률과 건폐율을 최대로 적용해서 지어 올리고 있고, A오피스텔이 분양되고 입주하면 바로 옆에 또 B오피스텔 건설이 시작된다. 그만큼 오피스텔은 공급이 많다는 뜻이다. 투자가치가 있는 오피스텔이라는 말은 '따뜻한 아이스커피'와 마찬가지로 세상에 존재하지 않는다.

2023년부터 시작될 가격 하락

오피스텔을 투자 상품으로 보기엔 위험요인이 많다. 안정적인 임대 수익을 얻을 수 있다는 측면에서는 아주 좋은 상품이라 볼 수 있지만, 오피스텔의 매매 가격이 상승할 것이라 기대하기는 어렵다. 아파트는 30년이 지나면 슬슬 재건축 이야기가 나온다. 그런데 오피스텔은 다르다. 오피스텔은 재건축을 한 사례가 없다. 2021년 11월 이전까지는 오피스텔 재건축을 하고 싶으면 소유자 100%의 동의를 얻어야 했다. 거의 불가능에 가까운 수치다. 그래서 현재는 소유주 80%의 동의만 얻으면 된다. 80%라는 기본 조건을 만족시켰다 하더라도 그다음 직면하는 어려움은 수익성이다. 10층 건물을 20층으로 다시 지어도 본전인 판에 10~15층밖에 올리지 못하는 상황이다. 이미 상업지역에 위치해 있기 때문에 획기적인 용적률 상향 조치가 아니면 수익을 얻기 힘들다. 소유자 동의도 얻기 힘들고, 수익성도 불투명한 오피스텔 재건축은 당분간 이루어지기 힘들 것이다.

오피스텔에 대해서는 이러한 시나리오를 예상한다. 2022년까지는 기존 관성에 의해 오피스텔 분양도 잘 되고, 호가도 올라 거래될 것이다. 한국부동산원에 그려지는 매매 가격 지수 그래프 역시 상승하는 모습을 나타낼 것이다. 하지만 2023년부터는 부동산의 전체적인 하락세가 본격화됨에 따라 흐름이 달라진다. 지방 오피스텔 미분양과 같은 소식이 전해지면서 서울 역시 미분양 소식이 조금씩 들려올 것이다.

쉽게 폐지하지 못하는 임대차 3법

　임대차 3법은 2020년 7월 31일 시행되었다. 임대차 3법의 핵심은 계약갱신청구권에 있다. 2년의 임대 계약기간을 세입자가 한 번 더 연장할 수 있도록 제도를 마련하여 임대 기간이 기본 4년이 되도록 한 것이다. 집주인들 입장에서는 지금 임대를 하면 앞으로 4년 후에나 새로운 세입자를 받을 수 있다.

　2년간 임대한 후 재계약을 할 때 가격을 올려받아야 하는 집주인들 입장에서는 2년 후에도 가격을 올려받을 수 없게 되었으니 지금 임대 계약을 하는 세입자에게 2년 후 임대료 상승분까지 미리 반영해서 받을 수밖에 없다. 전월세 가격이 안정적인 상황이라면 크게 문제 될 것이 없지만 주택 가격이 급등에 가까울 정도로 상승하고 전월세 가격도 이를 따라가는 상황에서 임대차 3법의 갑작스러운 시행은 임대료 상승 속도를 가속시켜 전월세난을 더욱 심하게 했다.

임대차 3법의 시행은 결과적으로 전월세 가격을 상승시키고 이에 따라 매매 가격이 상승하는 악순환을 불러왔다. 임대차 3법의 또 다른 부작용은 임대료에 '투자'의 개념이 들어가도록 했다는 점이다. 전통적인 부동산 가격 결정의 메커니즘을 보면 부동산 매매 가격은 현재가치와 미래가치의 합으로 계산되는데, 현재가치는 전월세 가격으로 표현되고, 미래가치는 기대치를 나타낸다. 즉, 주택의 가격은 전월세 가격에 기대치가 가감되는 것이다.

서울 강남 지역의 대표적인 재건축 아파트인 은마아파트를 보면 집값이 10억 원, 13억 원 하던 시절에도 전세 가격은 4억 원에 머물렀으나 임대차 3법 시행 이후 전세 가격은 4억 원에서 9억 원까지 2중, 3중으로 가격이 형성되어 있다. 기존 세입자들이 있는 곳은 4억 원이고 신규로 전세 계약을 하는 곳은 9억 원을 지불해야 하는 상황이다. 만일 임대차 3법이 없었으면 전세 가격은 완만한 상승곡선을 그려 5억 원 선에 머물지 않았을까 추측된다.

최소한 2025년까지 유지될 수밖에 없는 이유

2020년 7월 30일 도입된 임대차 3법은 2022년 6월 현재 시행 2년을 눈앞에 두고 있다. 윤석열 대통령은 후보 시절 임대차 3법의 전면 재검토 및 폐지 대상이라고 목소리를 높였지만, 정책은 한번 시행되면 다시 취소하고 원래대로 바꾸기는 쉽지 않다. 관성이 붙기 때문이다. 벌써 시행 2년이 되기 때문에 어떤 집들은 새로 임대차 계약을 맺고, 또 어떤 집들은 기존의 세입자가 계약갱신청구권을 사용하여 2년 연장했을 시점이다.

임대차 3법을 시행할 때 갑작스럽게 시행되어 시장에 혼란이 생겼던 것을 기억한다면 이 법을 갑자기 무효로 하는 것 역시 혼란을 야기하는 일이라는 것쯤은 예상할 수 있다. 임대차 3법에 대해서는 윤석열 대통령이 전면 재검토를 한다 해도 더불어민주당 국회의원들이 순순히 폐기에 동의할 리 없기에 진통이 예상된다.

여소야대의 상황에서 윤석열 정부가 임대차 3법을 폐지하기 위해서는 최소한 21대 국회의원들의 임기가 끝나는 2024년 4월까지는 기다려야 할 것이다. 게다가 2024년 이후 임대차 3법을 폐기한다 하더라도 갑작스럽게 폐기할 수는 없으니 예고 기간이 필요하다. 이것저것 다 고려하면 임대차 3법은 2025년까지는 유지될 것으로 보인다.

필자의 이런 예상을 뒷받침이라도 하듯, 2022년 6월 21일 발표된 윤석열 정부의 첫 번째 부동산 정책인 '6.21 대책'에는 임대차 3법 전면 재검토나 폐기에 관한 언급이 없었다. 의지는 있지만 현실적인 벽이 만만치 않음을 윤석열 정부도 인지하고 있는 것이다.

이런 점을 종합해서 부동산 투자자라면 임대차 3법은 적어도 2025년까지는 계속 유지된다고 보는 편이 합리적이다. 폐기될 수 있을지는 그때의 여론에 따라 결과가 달라질 수 있다는 점도 미리 고려하는 것이 좋다.

청년을 중시하는 부동산 정책

2022년 대통령 선거를 보면 MZ세대와 알파세대에 대해 정치권이 얼마나 공을 들이는지 알 수 있다. 짧고 유머러스한 동영상으로 선거 공약을 발표하고, 구색맞추기에 불과하던 청년위원장 등이 선거캠프에서 비중 있게 활동하는 모습을 볼 수 있었다. 공약도 젊은 세대에 맞춘 것이 많았다.

이제 MZ세대와 알파세대는 선거에 있어 중요한 영향력을 행사하는 계층이 된 것이다. 선거에 있어 중요한 계층이 되었다는 것은 향후 정부 정책 역시 이들에게 초점을 맞추게 된다는 뜻이기도 하다. 그럴 수밖에 없는 것이 40대와 50대는 진보정권의 집토끼이고 60대 이상은 보수정권의 집토끼로 분류되니 남는 것은 MZ세대인 2·30대 알파세대라 불리는 10대 후반의 유권자들인데, 이들은 이념이 아닌 실리를 보고 투표하는 세대이기에 정치권은 고민할 수밖에 없다. 이념으로 대결하던 현재 정치권 인사들은 젊은 세대에 어필하기 위해 무엇을 어떻게 제시해야 할지 막막한 상황인 것이다.

청년의 눈치를 봐야 하는 정치인

정치권에 있어 청년세대는 부동산을 비롯한 국정 전 분야에 걸쳐 의견을 구해야 하는 중요 소비자가 되었다. 40대 이상의 유권자들이 나와 같은 진보니까, 보수니까 무조건 지지를 보내고 응원했었다면 그 아래의 젊은 세대는 '그래서 나에게 어떤 도움이 되느냐'를 궁금해한다. 부강한 나라를 만들고 세계 몇 위의 경제력을 가지고 하는 것들은 젊은 세대에게 와닿지 않는다. 오히려 공공아파트, 민간아파트에서 당첨 확률을 어떻게 높여줄 수 있는지, 경제 정책에서 평등한 기회를 보장받을 수 있는지에 더 관심이 있다.

기존의 유권자들이 후보와 자신을 동일시하여 후보가 비방을 당하면 자신이 모욕당하는 느낌을 받았던 것에 비해 젊은 세대는 후보는 후보. 나는 나라는 생각이 강하다. 후보가 보여주는 말과 행동에 따라 언제든지 자신의 선택을 바꿀 준비가 되어 있다. 앞으로도 끊임없이 선거는 계속되고 지금의 기성세대가 차지한 자리를 젊은 세대가 대체해 갈 것이다. 이는 정치인들을 비롯하여 선출직에 당선되고자 하는 사람들은 젊은 세대의 선택을 받기 위해 노력할 것임을 의미한다. 경제 정책과 부동산 정책, 모두 젊은 세대를 향할 것이다.

큰손은 아니지만 무서운 청년세대

세대로 표심을 구분하던 시절은 끝나가고 있다. 아직 40대 이상의 이른바 '꼰대'들은 연령에 따라, 지역에 따라 표심이 구분되고 있지만 2030을 비롯한 젊은 세대는 기존의 구분들을 무의미하게 만든다. 보수 성향의 경상도, 진보성향의 전라도는 이제 옛날이야기가 돼 가고 있다. 과거 정치인들이 그렇게 없애자고 외치면서도 절박할 때마다 이용하던 지역감정이 조금씩 사라지고 있다. 이는 그간 기성세대가 지역감정을 없애기 위해 꾸준히 노력해 온 결과가 아닌 자유롭게 자신의 의견을 피력하고 부당한 것을 참지 않고 표현하는 젊은 세대의 영향 때문이다.

단지 후보와 출신이 같다고 응원하는 일은 없어질 것이다. 누구를 지지하는가는 그 후보가 어떤 말과 행동을 하는지, 그 사람이 당선되면 나에게 어떤 영향이 있을지를 따져보고 선택을 하게 된다. 2020년 7월에 있었던 서울, 부산 시장 재보궐선거는 그런 의미에서 대단히 상징적이었다. 기존 진보진영의 지지를 받았던 사람들이 젊은 보수들의 결집으로 물러나야 했다. 그런데 보수진영은 자신들의 이념이 젊은 세대에게 공감을 얻어 지지를 받았다고 오해할 수도 있다.

결코 그렇지 않다는 것을 보여주는 사건들이 있으니, 2021년 말 보수진영의 후보와 당 대표의 갈등, 선거캠프에 보수진영에 어울리지 않는 인사들을 영입했을 때 윤석열 후보의 지지도가 급격하게 떨어진 바 있다. 기존에 지지하던 후보라도 말과 행동이 실망스러우면 얼마든 지지를 철회할 수 있다는 것을 그대로 보여준 것이다.

새로운 세대가 후보의 당선 여부를 판가름할 수 있는 환경이다. 이는 곧 정책 결정이 젊은 세대 위주로 이루어질 것이라는 뜻이다. 윤석열 정부는 MZ세대를 위한 부동산 정책으로 청년원가주택 30만 호, 역세권 첫 집 20만 호, 청약제도 개선, 이렇게 세 개의 큰 카드와 대출 상환에 대한 소득공제 혜택, 월세 세액공제율 상향 조정 등 두 개의 작은 카드를 준비했다. 그런데 준비한 카드들이 부동산 가격의 등락에 직접 영향을 주지는 못할 것으로 보인다. 왜냐하면 정책의 대상이 젊은 세대에게 한정되어 있기 때문이다. 부동산 시장의 주요 고객은 40대 이상의 기성세대임을 고려하면 MZ세대가 전체 부동산 시장에 미치는 영향력은 그리 크지 않은 편이다. 다만, MZ세대를 위한 카드로 제시된 주택공급, 즉 청년원가주택과 역세권 첫 집이 계획대로 진행되지 않는다면 그 세대가 기성세대와 함께 주요 수요층이 되어 부동산 가격 상승을 더욱 가속화시킬 것이다.

그렇다. 이미 느꼈겠지만, 윤석열 정부가 부동산 시장을 안정화시킬 수 있을 것인가는 주택공급에 달려있다. 수요를 어떻게든 억제시키고, 겁을 줘서 주택 매매를 하지 못하도록 하는 것은 오히려 부동산 가격을 상승시킨다는 것을 28회에 걸친 문재인 정권의 부동산 대책이 이미 증명해주고 있다.

굿바이 부동산

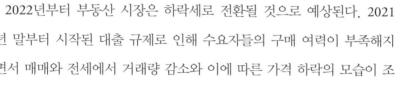

2022년부터 부동산 시장은 하락세로 전환될 것으로 예상된다. 2021년 말부터 시작된 대출 규제로 인해 수요자들의 구매 여력이 부족해지면서 매매와 전세에서 거래량 감소와 이에 따른 가격 하락의 모습이 조금씩 보이기 시작했기 때문이다. 2022년 상반기에는 국내 자체의 요인이라 할 수 있는 대출 규제로 인해 하락세가 시작되고, 2022년 상반기부터 시작된 미국 금리 인상과 우크라이나와 러시아의 전쟁으로 인한 유가 상승과 같은 국외 요인까지 부동산 하락세를 가속시키는 원인으로 작용할 것으로 보인다.

이미 하락세로 돌아선 부동산 시장

부동산 시장의 하락세는 2021년 말부터 시작되었다고 보는 게 타당하다. 문재인 정부의 부동산 대책이 본격적으로 시장에서 효과를 발휘한 결과라고도 볼 수 있는데 가장 유효했던 대책은 대출 규제였다. 가계부채 관리를 위해 대출총량을 관리해야 한다는 명분 아래 전세와 거의 모든 주택 관련 대출을 틀어막았기 때문이다.

이러한 대출 규제가 본격화될 때 실수요자들의 대출까지 모두 막아 문제가 되기까지 했다. 문재인 정부는 대출을 막아 시장이 관망세로 돌아선 것에 대해 '불안심리'에 상당한 변화가 생겼다고 자평했다.

2021년 11월 17일 홍남기 경제부총리는 "그동안 부동산 가격 상승을 견인하던 불안심리에 상당한 변화가 보이는 만큼 최근의 흐름이 시장 안정으로 확실하게 뿌리내릴 때까지 총력 대응해 나갈 것"이라고 밝혔다. 그는 또 "주택시장은 9월 이후의 가격 상승세 둔화 흐름이 이어지는 가운데 최근 매물은 늘어나고 매수 심리는 둔화하면서 시장 참여자들의 인식에도 본격 반영되는 모습"이라고 설명했다.

정부 입장에서는 부동산 가격 흐름이 하락세로 전환되었으니 칭찬을 기대했을지 모른다. 그간 부동산 가격은 2017년 5월에 6억 원 하던 아파트가 2021년 말에 12억 원으로 2배 올랐는데 2022년이 되어 10억 원이 되었으니 전년 대비 20% 하락한 것으로 해석하기 때문이다. 숫자는 거짓말을 하지 않는다. 다만 그 숫자를 보는 사람이 거짓말을 하는 것뿐이다.

경실련 보도자료에 따르면 30평형 아파트 가격은 문재인 대통령 취임

[7-2] 서울 아파트 평당(3.3m²) 시세 변동

출처 : 경실련 보도자료(2021년 12월 8일)

시기인 2017년 5월엔 6억 2,000만 원에서 임기 말인 2021년 11월에는 12억 9,000만 원까지 상승했다. 단순하게 보면 5년 동안 2배가 오른 셈이다. 이렇게 오른 아파트가 10억 원이 된다 한들 그것을 하락세로 전환했다고 할 수 있을지는 의문이다. 앞서 언급했던 바와 같이 해석의 문제니까.

본론으로 다시 돌아와서, 2022년 1월부터 부동산 시장이 관망세에서 하락세로 전환되고 있음은 사실이다. 여기서 주목해야 할 것은 부동산 시장이 관망세, 하락세로 전환한 것은 시장 논리에 의해 수요와 공급이 균형을 이루었기 때문이 아니라는 점이다. 수요자들이 필요로 하는 은행 대출을 제대로 받을 수 없다는 것이 가장 큰 요인이다. 다시 말해, 지금 상황은 수요는 아직 존재하고 있지만 그 수요를 대출 규제를 통해 억지로 눌러 놓은 모습이다. 언제든 기회가 된다면 다시 폭발할 수 있다. 윤석열 정부는 이런 측면에서 상당히 행운이 따르는 정권이다. 이전 정권에서 대출 규제를 통해 수요가 눌려 폭발하기 직전이었는데 때마침 유가 상승이나 미국 기준 금리 인상과 같은 국외 요인에 의해 부동산 가격이 하락세로 돌아서는 방향으로 흘러가고 있기 때문이다.

인플레이션과 금리 인상

부동산 시장을 하락세로 전환시키는 요인은 바로 '인플레이션'이다. 코로나19 초기 대유행 시기에는 수요 감소로 원윳값을 비롯한 각종 원자재 가격이 하락했었다. 이후 백신과 치료제가 개발되어 코로나가 조금 진정되면서 경기가 살아날 것이라는 기대심리로 인해 수요가 회복되면서 제품가격이 상승하기 시작했다. 여기에 더해 각국 정부가 코로나 시기 경제가 침체되지 않도록 경쟁적으로 돈을 풀면서 여기저기 돈이 넘쳐나는 상황이 되었으니 인플레이션이 발생하는 것은 당연한 순서였다.

특히 미국은 인플레이션을 해결하기 위해 그동안 시중에 풀었던 엄청난 자금을 다시 회수하기 시작했다. 바로 '금리 인상'을 통해서 말이다. 미국이 한국의 경제 상황을 어렵게 하거나 부동산 가격 하락을 기대하면서 금리를 올리는 것이 아니다. 미국 자체의 인플레이션 문제, 달러 약세를 해결하기 위한 방편이다. 우리나라는 그저 미국이라는 거대한 기축통화국의 영향을 받을 수밖에 없는 입장이다.

미국이 금리를 올리면 우리도 금리를 올려야 한다. 만일 미국과 한국이 동일하게 연 2%의 금리로 국채를 발행한다고 가정해보자. 전 세계 투자자들은 당연히 미국에 투자한다. 미국은 기축통화국이니 미국이 망할 일은 없다. 반면 대한민국은 기축통화국도 아니고 미국만큼 안전하지도 않으니 돈을 빌려주면 떼일지도 모른다는 생각을 하게 된다. 결국 외국 자본을 유치하기 위해서는 적어도 미국보다 높은 금리를 제시해야 한다. 즉 미국보다 기준 금리가 높아야 그나마 우리나라 경제가 돌아갈 수 있다.

지금까지 미국은 기준 금리를 제로에 가까운 수준으로 유지해왔다. 전 세계에 돈을 풀어서 경제가 활발하게 돌아가도록 했던 것이다. 이제 미국은 돈은 풀만큼 풀었으니 회수를 시작해야 한다는 입장이다. 금리를 올림으로써 앞서 언급했던 인플레이션, 자금 회수를 동시에 이루고자 하고 있다.

한국이 미국을 따라 기준 금리를 올리면 대출 금리도 오르게 되고 시중의 투자자금이 줄어 부동산은 물론이고 주식시장도 전반적인 하락세를 맞이할 수밖에 없다.

대출 금리를 관리하지 않는 윤석열 정부

한 국가의 경제활동에 영향을 미치는 가장 큰 요소가 금리라 할 수 있는데, 금리는 원칙적으로 대통령이 전혀 관여할 수 없다. 각국의 기준 금리는 중앙은행이 결정하기 때문이다. 대한민국의 기준 금리는 한국은행의 금융통화위원회를 통해 결정된다. 기준 금리에 대해 대통령이 관여할 수 없어야 한다는 것은 당연한 이야기임에도 불구하고, 뭔가 새롭게 느껴진다. 대한민국에서 대통령이 가지는 권한이 너무나도 막강하여 금리까지 결정할 수 있지 않을까 싶기 때문이다.

윤석열 정권 5년 동안 금리는 대체적으로 오를 것이다. 윤석열 대통령이 금리를 올린다는 뜻이 아니다. 금리를 올릴 때 전혀 관여하지 않는다는 뜻이다. 문재인 정부를 보자. 직접적으로 금리에 관여할 수 없기에 DSR, LTV, DTI 등의 규제를 통해 대출을 못 받게 했다. 물론 정부가 직접적으로 은행에 영향력을 행사하지는 않았다. 다만 '계도'를 통해 은행들이 자율적으로 정부 지침에 따르도록 했다. 몽둥이는 들었지만 협박은 하지 않았다는 뜻이다.

문재인 정부가 이런 식으로 은행들의 팔을 비틀어서 강제적인 협조를 얻고 정부의 지침대로 대출 규모를 조절했던 것에 비해 윤석열 정부는 팔을 비틀거나 강제적인 협조를 구하지는 않을 것으로 보인다. 대출금리와 규모는 철저하게 은행이 리스크를 계산해서 결정해야 하는 영역이기 때문이다. 오히려 생애 최초 주택 구입자에게는 LTV를 80%까지 확대하여 민간에서 대출을 더 많이 해줄 수 있도록 길을 열어두겠다고 한다.

앞서 몇 차례 언급되었던 바와 같이 대한민국의 경제 상황이 어떻든 미국은 금리를 올릴 것이고 이에 따라 우리나라도 금리를 올릴 수밖에 없을 것이다. 이러한 미국과 한국의 기준 금리 상승은 은행의 대출금리에도 영향을 미칠 수밖에 없다. 대출금리는 미국 금리의 상승과 함께 몇 차례 더 상승하게 될 것으로 보인다. 대출금리가 올라가서 서민들의 부담이 가중되고 이를 견디지 못한 매물들이 자연스럽게 시장에 쌓이기 시작할 것이다.

정부는 '공공의 이익', '은행의 폭리' 등의 이유를 들어 대출이자를 제한하고 싶어 한다. 그러나 윤석열 정부는 이런 식의 시장개입을 하지 않을 것이다. 만약 대출금리가 너무 높아진다 해도 은행들이 자율적으로 대출금리를 정하도록 놔둘 것이다. 대책이 필요하면 대출금리를 낮추는 것이 아닌 대출로 부담이 늘어난 가구에 대해 별도의 저금리 대출 프로그램을 실시하지 않을까 싶다. 은행의 금리를 건드리지 않으면서도 대출이자를 감당할 수 있도록 해주는 것이다. 마치 복지제도에서 바우처제도를 활용하여 직접 현금을 주지 않으면서도 현금을 지원해주는 효과를 얻도록 하는 것과 비슷하다.

2022년 5월, 대한민국은 새로운 대통령을 맞이하면서 동시에 부동산 가격 하락세라는 한참 동안 잊고 있었던 경제 상황을 맞이하게 될 것이다. 그동안 우리가 겪었던 부동산 잔치는 끝났다. 굿바이 부동산이다.

비정상의 정상화

2022년 6월 16일 금융위원회에서는 '새 정부 가계대출 관리 방향 및 단계적 규제 정상화 방안'을 발표했다. 여기서 눈여겨볼 지점은 '규제 정상화'라는 표현이다. 부동산 가격을 어떻게 하겠다는 접근이 아닌 지난 정부의 비정상적인 규제들을 정상화하겠다는 의지의 표현이다. 마치 미국에서 조지 부시 행정부가 이전 정부인 클린턴 행정부의 모든 정책을 반대로 뒤집고자 'ABC Anything but Clinton(클린턴 빼고 무엇이든) 정책'을 펼친 것과 비슷하다. 윤석열 정부는 'ABM Anything but Moon(문재인 빼고 무엇이든)'으로 방향을 잡은 것으로 보인다.

윤석열 정부는 '규제 정상화'라는 표현을 통해 이전 정부의 부동산 규제는 상당히 비정상적이고 시장을 역행하는 정책이었다는 인식을 심어 주고 싶어 한다. 이전 정부가 투기 수요 억제를 위해 마련했던 장치들을 정상화하겠다는 명목으로 대부분을 규제 이전으로 되돌릴 계획을 가지고 있다.

금융위원회의 발표내용을 살펴보자. '가계대출 관리 방향', '단계적 규제 정상화 방안' 이렇게 두 가지 내용을 핵심으로 하고 있다.

가계부채 관리 방향

2022년 6월까지는 DSR(총부채원리금상환비율) 1단계가 적용된다. 서울을 비롯한 규제지역에서 6억 원 초과 주택이거나 신용대출이 1억 원을 초과하는 경우 DSR은 40%를 적용한다. 즉, 연봉 5,000만 원인 사람은 DSR 40%를 적용하여 총 2,000만 원만 대출을 받을 수 있다. 7월부터는 DSR이 조금 더 강화된다. 총대출액 1억 원을 넘으면 무조건 DSR 40%가 적용이다.

DSR 자체는 상당히 강화되는 방향이다. 윤석열 정부는 DSR이라는 큰 틀은 강화하지만 제외 대상을 따로 둠으로써 실수요자들이 DSR 적용 없이 대출받을 수 있도록 했다. 즉, 전세대출, 보금자리론을 받은 경우는 DSR 계산 시 대출 항목에 넣지 않고, 생계 관련 할부, 리스 및 단기카드대출(신용카드 현금서비스) 역시 DSR 계산 시 포함시키지 않는다. 그 외에도 보험계약대출과 예·적금 담보대출도 DSR 계산 시 제외된다. 총론에서는 규제를 유지하는 모양새를 보이면서 각론에서는 예외를 확대함으로써 서민, 실수요자를 보호하고 지원하겠다는 정책 방향을 보인다.

[7-3] 차주 단위 DSR 단계적 확대 도입 계획

	도입(19.12)	1단계(21.7)	2단계(22.1)	3단계(22.7)
주택담보대출	투기·투기과열 9억 원 초과 주택	①전 규제지역 6억 원 초과 주택	총대출액 2억 원 초과 (①/②유지)	총대출액 1억 원 초과 (①/②폐지)
신용대출	연 소득 8,000만 원 초과 &1억 원 초과(20.12)	②1억 원 초과		

출처 : 금융위원회

또한 'DSR 산정 시 청년층 장래 소득 반영 확대'를 적용함으로써 현재 소득을 기준으로 DSR이 산정될 때 대출금액이 줄어드는 것을 방지하겠다는 것도 정부의 계획이다. 투기 수요 억제라는 명분을 유지하면서도 필요한 사람에게는 길을 열어준다는 실리도 함께 챙기는 모습이다. 가계부채 규모가 심각한 상승세를 보이고 있는 현 상황에서 정부가 드러내놓고 대출을 많이 받으라고 할 수는 없으니 이러한 균형점을 찾아낸 것 아닌가 싶다.

대출 관련 규제의 단계적 정상화

단계적 규제 정상화는 기존의 대출 관련 규제를 단계적으로 폐지하는 것을 가리킨다. 가장 크게는 '생애 최초 LTV 80% 완화'가 있다. 생애 최초 주택 구입자에 대해서는 주택 소재 지역이나 가격과 상관없이 LTV 상한선인 80%까지 적용한다. LTV(주택담보인정비율)는 집값의 몇 퍼센트까지 대출을 받을 수 있느냐에 대한 것인데, 기존에는 서울 및 규제지역은 무주택자 기준 40%였고, 9억 원 초과분에 대해서는 20%만 가능했다.

예를 들어 서울 지역의 12억 원 아파트를 무주택자가 매입하고자 하는 경우 9억 원까지는 40%인 3억 6,000만 원, 9억 원 초과분인 3억 원에 대해서는 20%인 6,000만 원이 대출 가능하여 총 4억 2,000만 원의 대출이 가능했다. 비율로 따져보면 LTV는 집값의 35%인 셈이다. 이러한 비율을 조정하여 지역, 금액에 상관없이 집값의 80%를 대출받을 수 있게 제도를 '정상화'한다는 것이다.

이와 함께 만기 50년 부동산 대출 상품을 출시하여 10년, 20년 기간으로 대출을 받을 때에 비해 조금 더 많은 금액과 더 적은 이자 부담이 되도록 하겠다는 계획도 발표했다. 이론적으로는, 만기가 50년인 경우, 30세에 대출을 받으면 80세까지 원금과 이자를 갚아야 한다는 계산이 나온다. 숫자만 놓고 보면 젊을 때 대출받아 죽을 때까지 빚을 갚다 끝나는 인생이 될 것이라 비판적으로 볼 수도 있다. 하지만 현실은 대출금을 갚다 집값이 오르면 집을 팔아 대출금을 상환하는 경우가 대부분이므로 '죽을 때까지 빚 갚으란 소리냐'라는 비판은 그다지 설득력이 없다.

윤석열 정부는 명분과 실리를 통시에 얻기 위해 영리한 방법을 선택했다. 겉으로는 대출을 규제하는 모양새를 취하지만 속으로는 실수요자들에게 길을 열어줌으로써 정책목표를 달성하려는 계획이다. 이러한 명분과 실리를 기반으로 한 부동산 정책 기조는 윤석열 정부 내내 계속 유지될 것으로 보인다.

규제보다 완화를 선택한
6.21 부동산 대책

2022년 6월 21일, 드디어 윤석열 정부의 첫 부동산 대책이 발표되었다. 얼마 전까지 부동산 대책이라 하면 '어떤 규제를 하고, 무슨 세금을 올려서 투기를 잡는다'는 식의 내용이 많았다. 그런데 윤석열 정부의 첫 번째 부동산 대책은 그 반대였다. 기존 임대차 3법의 적용을 완화하고, 분양가 상한제를 개편하겠다는 것이 핵심 내용이었기 때문이다. 6.21부동산 대책의 핵심적인 내용 세 가지를 요약해 보았다.

임대차 3법 관련 적용 완화

'상생임대인 제도'가 있다. 상생임대인이란 '공공성 준수 사적임대인'이라고도 하는데 뜻에 비해 용어가 조금 어렵다. 뜻은 간단하다. 신규

[7-3] 차주 단위 DSR 단계적 확대 도입 계획

구분		현행	개선
상생임대인 개념		직전 계약 대비 임대료를 5% 이내 인상한 신규(갱신) 계약 체결 임대인	좌동
상생임대주택 인정 요건		임대 개시 시점 1세대 1주택자 +9억 원(기준 시가) 이하 주택	폐지 • 임대 개시 시점에 다주택자이나 향후 1주택자 전환 계획이 있는 임대인에게도 혜택 허용
혜택	비과세	조정대상지역 1세대 1주택 양도세 비과세 2년 거주 요건 중 1년 인정	조정대상지역 1세대 1주택 양도세 비과세 **2년 거주 요건 면제**
	장특공제	없음	1세대 1주택 장기보유특별공제 적용 위한 **2년 거주 요건 면제**
적용 기한		2022년 12월 31일	**2024년 12월 31일(2년 연장)**

또는 갱신하여 임대차계약을 맺는 경우 직전 대비 5% 이내로 계약하는 임대인(집주인)을 의미한다.

6.21 대책 이전까지 상생임대인 제도는 유명무실했다. 혜택이 서울 등 조정대상지역에서 1세대 1주택 양도세 비과세의 조건 중 거주 요건을 1년 인정해주는 것이 전부였기 때문이다. 즉, 기존의 집주인들은 양도세 비과세를 인정받기 위해 직접 '몸빵'이라 표현되는 '실거주 2년'을 채워야 했는데, 상생임대인에 대해서는 그중 1년을 줄여줬던 것이다. 2년이나 1년이나 큰 차이는 없기에 상생임대인 제도는 큰 주목을 받지 못했다.

그런데 6.21 부동산 대책에는 상생임대인에 대한 혜택이 많이 늘었다. 먼저, 비과세를 위한 2년 거주 요건을 면제해주기로 했다. 다시 말해, 직접 들어가 살지 않아도 된다. 동시에 기존엔 해당 사항 없던 장특공제

(장기보유특별공제) 적용도 가능하게 되었다.

이러한 상생임대인 지원제도는 어떤 효과를 가져올까? 윤석열 대통령이 선거 과정에서 밝혔던 '선택할 자유'가 부여된다. 즉, 새로운 세입자를 받아 임대료를 5% 상한선과 상관없이 자유롭게 올릴 수도 있고, 세금 혜택을 원하면 자발적으로 임대료를 5% 이내로 조정하는 것도 선택할 수 있도록 한 것이다.

기존 정부가 규제를 통해 압박을 가하는 접근방법을 취했던 것에 비해 시장경제의 기본 원리에 충실한 대책이라 볼 수 있다. 세금 혜택을 위해 임대료를 5% 이내로만 조정하는 임대인이 증가한다면 전월세 임대차 시장은 안정세를 찾을 수 있다. 세입자들 입장에서 지금 거주하고 있는 곳에 계속 있어도 5%, 새로운 곳에 가도 기존 대비 5%만 상승한다면 굳이 지금 있는 곳에 '계약갱신청구권'을 사용할 필요가 없어지고 집주인들도 세금 혜택을 고려한다면 전세보증금을 올릴 이유가 없어지기 때문이다. 임대인에게도, 임차인에게도 동시에 서로의 이익을 위해 움직일 수 있도록 제도가 정비되는 것이다.

규제지역 주택 처분 및 전입 의무 완화

주택을 한 채 보유한 상태에서 추가로 한 채를 더 매입하기 위해 주택담보대출을 받는 경우, 6개월 내 기존 주택을 처분하고 신규 주택에 전입 신고를 하는 것이 지금까지의 대출 조건이고 의무 사항이었다. 다시 말해, 투자목적으로 한 채를 추가 매입하는 것이 아니라는 점을 증명하기 위해 6개월이라는 시간이 주어졌던 것이다. 윤석열 정부에서는 6.21 대책을 통해 6개월의 처분 기한을 2년으로 연장했다. 동시에 전입 기한은 폐지했다.

분양가 상한제 합리화

2022년 봄, 서울의 둔촌주공아파트는 조합과 건설사의 갈등으로 재건축 공사가 중단된 곳이 있다. 원자재 가격 상승 등의 요인으로 공사비가 올라가야 하는데 재건축 조합이 이를 승인하지 않으면서 갈등이 시작되었다.

분양가 상한제 역시 이러한 갈등의 여지가 있다. 분양가를 택지비와 건축비의 합계, 거칠게 표현해서 땅값과 시멘트 값만 받도록 제한하고 있기 때문에 수지타산이 안 맞아서 사업 진행이 안 될 가능성도 있다. 정부는 이러한 경직성이 주택공급의 장애물이 된다는 판단하에, 실제 비용으로 들어가야 할 것들을 포함하여 분양가를 산정할 수 있도록 제도를 정비하겠다는 계획이다.

부동산 관련 세금 규제 완화

핵심적인 세 가지 대책 외에도 눈여겨 볼만한 대책들이 몇 개 있다. 먼저, '월세 및 임차보증금 원리금 상환액 지원 확대'로 직장인들의 소득 공제 관련 내용이다. 월세 세액공제율을 750만 원 한도로 최대 12% 받을 수 있도록 하는 것을 확대하여 세액공제율을 15%까지 상향 조정한다. 또한 전세 및 월세 보증금 대출 원리금 상환액에 대해 연 300만 원 한도로 40% 소득공제를 해주는 것을 확대하여 공제 한도를 연 400만 원으로 조정했다.

다음으로, 세금 관련해서는 2022년 종부세 부담 완화를 위해 공정시장 가액 비율을 100%에서 60%로 인하했으며, 한시적으로 1세대 1주택자 특별공제도 도입하기로 했다. 그에 더해 고령자, 장기보유자의 종부세를 납부 유예토록 했다. 그리고 생애 최초 주택 구입 시 누구나 200만 원 한도 내에서 취득세를 면제하도록 했다.

공시가격 제도도 경제 상황에 따라 탄력적으로 조정할 수 있는 장치를 신설하였고, 일부 지역에 대해 규제지역을 해제하는 안을 검토하기로 했다.

아직은 불안한 윤석열 정부의 부동산 정책

종합해보면 이렇다. 윤석열 정부 최초의 부동산 대책은 규제가 아닌 완화에 초점이 맞춰져 있다. 자발적 선택에 의해 부동산 가격이 안정될 수 있도록 설계한 노력이 엿보인다.

2022년 6월 말 기준, 주택시장은 미국의 기준 금리 상승과 이에 따른 우리나라 시중은행의 부동산 담보대출 금리 상승으로 기존과 같은 무조건 상승하는 '불장'은 아니다. 윤석열 정부의 주택공급 정책과 맞물려 부동산 대책이 시행된다면 발표 자료에 나와 있듯, '임대차 시장 안정화',

'부동산 정상화' 이렇게 두 개의 정책목표가 달성될 것이고, 첫 단추를 잘 꿰어맞췄다는 평가를 받을 수 있다.

그럼에도 불구하고 윤석열 정부의 최근 행보를 보면 부동산 가격 안정에 대해 크게 낙관하기 어려운 점들이 발견된다. 그 이유는 크게 세 가지로 볼 수 있다.

첫째, '안전 운임제 확대'를 요구했던 화물연대 파업에 대해 '법과 원칙'을 적용하지 않고 서둘러 합의했던 국토교통부. 둘째, 은행들이 '이자 장사'한다고 비판했던 금융감독원장. 셋째, '인플레이션이 심화할지 모르니 근로자들에게 월급을 너무 많이 올려주지 말아달라'고 당부한 경제부총리. 이 세 가지의 모습은 시장의 원리를 적용해야 한다는 윤석열 대통령의 기본 철학과 상반되는 모습들이다.

부동산 시장이 안정을 찾지 못해 다시 예전의 규제 위주의 정책이 나오지 않기를 바랄 뿐이다.

Chapter 8

어디가 오르고,
어디가 떨어질 것인가

부동산 불패 신화가 계속될 강남 3구

윤석열 대통령이 집권하는 5년 동안 대한민국의 부동산은 전반적으로 하락세일 것이다. 금리와 대출이자라는 무서운 몽둥이가 부동산 수요자들을 계속 내려칠 예정이기 때문이다. 밀물이 들어오듯 몰리던 수요자들이 썰물처럼 빠져나가는 모습을 볼 수 있을 것이다. 하락의 시작은 경기도에서 시작해서 서울 외곽까지 이어질 것으로 보인다. 상승세가 서울 강남에서 시작해서 경기 외곽으로 이어지는 것과 반대다.

부동산 가격의 전체적인 방향이 하락의 모습을 보이더라도 유망한 지역은 있다. 강남 3구가 대표적이다. 공급 확대를 통한 부동산 가격 정상화라는 윤석열 정부의 부동산 대책에도 불구하고 이 지역들은 가격이 지속적으로 상승할 지역들이다. 오히려 윤석열 정부 정책의 수혜지역이라고도 할 수 있다.

강남 3구의 상승요인

서울에서 한 지역만 골라서 주택을 구매할 수 있다면 대부분 가장 먼저 강남 3구를 선택할 것이다. 다주택자가 정부의 부동산 가격 안정을 위한 각종 규제에 못 이겨 1주택만을 소유해야 한다고 했을 때 마지막까지 가지고 있어야 할 지역은 강남이다.

'권불십년'이라 한다. 권력은 10년을 못 간다는 것인데, 지금 보수진영의 대통령이 집권하더라도 5년 후에는 어떤 진영의 대통령이 당선될지 알 수 없다. 대통령이 아무리 바뀌어도 가격과 가치가 떨어지지 않고 현재 상태 또는 그 이상으로 유지할 수 있는 지역은 강남 3구가 유일하다고 볼 수 있다.

잔인한 이야기이기는 하지만 우리나라 사람들은 어디 사는가에 따라 어떤 생활 수준인지 짐작하는 경향이 있다. 아파트 가격이 비슷한 지역에서는 생활 수준이 크게 다르지 않기 때문에 대략 감을 잡을 수 있다. 만일 선택할 수 있다면 강남과 강북 둘 중에 어디를 고를지는 비교적 쉬운 선택이다. 자동차도 무리를 해서라도 수입차를 타고 크기도 대형차를 선호하는 것은 '보여지는 것'에 예민한 우리나라 사람들의 특징이다.

집이 강남이라는 것은 이러한 점에서 투자용이든, 실거주용이든 다른 지역이 줄 수 없는 독특한 이미지를 준다. 경제학에서 말하는 대체재가 없다는 뜻이다. 만일 강남지역이 아닌 다른 지역도 강남 정도의 이미지를 줄 수 있다면 강남 3구 역시 부동산 가격이 하락할 수도 있다. 문제는 강남을 대체할 지역이 아직까지는 없다는 것이다. 굳이 찾아본다면 서울에서는 용산이 될 것이다. 용산의 이미지는 한남동이 서울 강남 못

지않은 고급 주거 지역으로서의 이미지를 가지고 있지만 용산구의 다른 지역은 지속적인 개발과 상업, 교육 시설이 들어올 만큼 넓지 못하다는 치명적인 단점이 있다.

강남구 : 지금도 오르고 앞으로도 계속 오른다

주식 종목 중에 '지금도 비싸지만, 앞으로도 더 오를 주식'이 있다. 대표적인 것이 애플이다. 2022년 4월 11일 기준, 주당 170달러로 가격이 형성되어 있는데, 2019년에 주당 50달러 수준이었던 것을 생각하면 3배 이상 오른 셈이다. 그런데 '지금까지 3배 올랐으니 앞으로 애플 주식은 떨어질 것이다' 이렇게 예측하는 사람은 거의 없다. 애플이 보여주는 성장성과 고객 충성도가 강력하기 때문이다. 애플 주식에 투자했다면 오르는 것은 당연하고 혹시라도 가격이 내려간다 해도 크게 걱정하지 않는다. 가격을 회복해서 다시 반등하리라는 굳은 믿음이 있기 때문이다. 서울 강남구 아파트가 이와 비슷하다.

부동산 시장 상황에 따라 강남구 역시 가격이 오를 수도 내릴 수도 있다. 다만 다른 지역과의 차이는 강남구는 가격이 내린다 해도 '앞으로 더 떨어지지 않을까' 하는 걱정이 없다는 것이다. 서울에서 가장 선호도가 높고 수요가 많은 지역이라는 점에 더해 재건축 아파트 등의 호재가 작용하기 때문에 강남구는 윤석열 정부의 정책 방향에 크게 영향을 받지 않을 것으로 예상된다.

강남구 아파트 가격 추이를 간단히 살펴보면, 2022년 2월 기준, 강남

[8-1] 강남구 아파트 중위 가격 추이

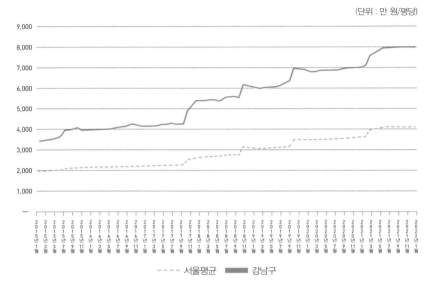

(단위 : 만 원/평당)

---- 서울평균 ▬▬ 강남구

구의 중위 가격 아파트 평당 가격은 8,000만 원이다. 강남구에 있는 아파트는 대충 아무거나 찍어도 평당 8,000만 원이라 보면 된다. 수치만 놓고 보면 상당히 높아 보이는 가격이다. 그렇다면 이렇게 가격이 높으니 앞으로 윤석열 대통령과 원희룡 국토부 장관이 합심하여 강남구 아파트 가격을 반값으로 내릴 수 있을까? 그건 불가능하다. 그 이유는 수치를 보면 알 수 있다.

2016년 중위 수준의 서울 아파트 평균가는 평당 2,000만 원이었고, 강남구는 4,000만 원이었다. 서울 전체 평균과 강남 평균의 격차는 대략 2배였다. 2022년 현재는 어떨까. 서울 평균은 4,000만 원, 강남구 평균은 8,000만 원이다. 역시 2배의 차이다. 그 격차가 비슷하게 유지되고 있는 것이다. 강남구가 비싸기는 하지만 터무니없이 비싼 것은 아니라는 뜻이다.

그렇다면 윤석열 정부 5년 동안 강남구 아파트 가격은 어떻게 될까. 결론부터 말하자면, 윤석열 정부의 부동산 공급 확대 정책에도 불구하고 강남구 아파트는 앞으로도 지속적으로 상승할 것이다. 그 이유는 수요와 공급의 원리로 따져보면 명확해진다.

우선 수요를 보자. 똘똘한 한 채 선호, 다주택자 규제 완화에 따른 수요 증가, 강남구 재건축 사업 기대감에 따른 투자 수요 증가 등, 강남구에 수요가 몰릴 요인은 다양하다. 그런데 공급이 이러한 수요를 감당할 수 있을 것처럼 보이지 않는다. 유일하게 강남에 대규모 공급이 가능하려면 현재 재건축 추진 중인 아파트가 일제히 사업을 시작해야 한다. 그러나 그럴 가능성은 희박하다. 이렇듯 수요는 많은데 공급은 그를 못 따라가기에 강남구는 계속 가격이 오를 수밖에 없다.

다만, 가격의 상승 폭은 이전 문재인 정부와는 다를 것이다. 문재인 정부는 의도하지는 않았지만 강남구 아파트 가격을 모조리 2배씩 올려놓았다. 하지만 윤석열 정부는 5년간 50% 이내에서 부동산 가격을 안정시킬 것이다. 1년에 10% 정도 수준으로만 오를 것으로 예상된다. 윤석열 정부가 특별한 대책을 마련해서라기보다는 미국의 기준 금리 인상이라는 거시적인 경제 흐름의 영향 때문이다.

문재인 정부가 수많은 대책에도 불구하고 부동산 가격을 잡을 수 없었던 이유가 전 세계적인 제로 금리와 그에 따른 풍부한 유동성과 같은 경제적 환경 때문이었다. 그런데 윤석열 정부에서는 이와 정반대인 고금리 시대가 올 것으로 예상된다. 대출금리 역시 보이지 않는 손으로 작용하여 부동산 가격의 급격한 상승을 막는 장애물이 된다.

결론이다. 강남구 아파트는 중위 가격 기준, 2022년 2월 현재 평당 8,000만 원 수준에서 2024년 말에는 평당 1억 2,000만 원, 윤석열 대통령 임기 마지막 해인 2027년에는 평당 1억 5,000만 원 수준까지 오를 것으로 예상된다.

서초구 : 강남구 못지않게 오른다

앞서 강남구가 주식으로 치면 애플 주식과 같다고 설명했다. 서초구 아파트 가격 역시 이와 비슷한 속성을 가지고 있다. 강남구와 마찬가지로 서초구도 토지거래 허가구역에 대출도 불가능한 지역인데도 가격이 지속적으로 상승해 왔기 때문이다. 또 다른 유사점은 재건축 기대감이다. 강남구의 은마아파트처럼 서초구는 반포지역의 아파트들이 그 역할을 한다. 그래서 서초구 아파트 역시 지속적인 상승이 예상된다.

서초구 중위 수준 아파트의 평당 가격을 살펴보면, 서울 아파트의 평균 가격이 올라갈 때는 더 높은 상승률을 보인다. 2022년 2월 기준으로 평당 가격이 7,000만 원에 형성되어 있다. 강남구에 비해 1,000만 원 정도 낮은 수준이다.

그렇다면 앞으로 서초구의 아파트 가격은 어떤 흐름을 보일까? 강남구와 유사할 것으로 예상된다. 수요 요인에서의 똘똘한 한 채, 다주택자 규제 완화 및 재건축 사업 기대감 등 강남구의 상승요인이 서초구에도

[8-2] 서초구 아파트 중위 가격 추이

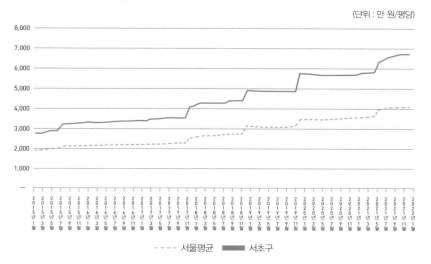

(단위 : 만 원/평당)

- - - 서울평균 ▬▬ 서초구

그대로 적용되기 때문이다.

가격 상승 폭 역시 윤석열 정부 5년간 50% 정도 상승할 것으로 보인다. 문재인 정부 시절 서울을 비롯한 전국의 아파트 가격은 100% 상승하여 가격이 2배가 되었지만, 윤석열 정부는 이런 미친 상승 폭을 줄일 수 있을 것이다. 그런데도 강남구와 서초구는 서울이 전체적으로 시세 하락을 겪는 상황에서 상승할 것이기에 그 상승 폭이 더 높아 보이는 착시효과가 발생할 것으로 예상된다.

결론이다. 서초구 아파트는 중위 가격 기준, 2022년 2월 현재 평당 7,000만 원 수준에서 2024년 말에는 평당 8,000만 원, 2027년 윤석열 정부 임기 말에는 1억 원 수준으로 가격이 상승할 것이다. 지금도 이미 평당 1억 원인 아파트들이 서초구에 즐비한데 무슨 소리냐라고 할 수 있다. 하지만 지금 설명한 내용은 중위 가격을 기준으로 했다는 점을 고려하기 바란다.

송파구 : 하락세를 버티며 완만하게 오른다

송파구는 잠실주공아파트가 재건축 기대감으로 상승요인이 있기는 하지만 기타 단지들은 특별한 상승요인을 기대하기 힘들다. 이미 기존 잠실주공 1단지에서 4단지까지 2008년에 재건축 및 입주가 완료되었기 때문이다. 송파구에 기타 재건축 추진단지들이 있기는 하지만 송파구 전체를 대폭 상승시킬 만큼의 영향력이 있을지는 미지수다. 이러한 점은 중위 가격의 흐름에서도 확인할 수 있다.

송파구 아파트의 가격 흐름을 보면 서울 평균 가격 대비 대략 평당 1,000만 원 정도 높은 가격에서 움직이고 있음을 알 수 있다. 2015년 가격을 보면 서울 아파트 평균 가격이 평당 2,000만 원일 때, 송파구는 3,000만 원, 2020년 말 서울 평균이 3,500만 원일 때 송파구는 4,500만 원 수준이었다. 비교적 최근인 2021년 하반기에 들어 서울 평균이 평당 4,000만 원 수준으로 오를 때 송파구는 6,000만 원 수준으로 올랐다.

여기서 2018년을 주목해서 봐야 한다. 서울 아파트의 평균 가격이 상승하는 기간이었는데 송파구는 가격이 정체되어 있었고, 2018년 말에는 소폭 하락하는 모습도 보였다. 이 기간의 흐름이 시사하는 바는 송파구는 정부 정책에 따라 수요가 영향을 받는다는 점이다. 강남 3구에 함께 속하는 강남구와 서초구는 2018년에 가격이 하락하지 않았는데 송

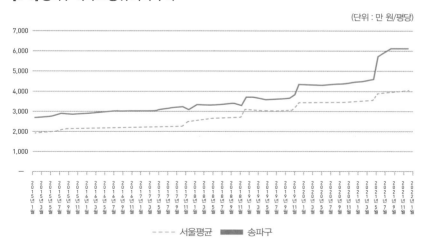

[8-3] 송파구 아파트 중위 가격 추이

(단위 : 만 원/평당)

---- 서울평균　■■■ 송파구

파구는 수요 억제 정책의 영향을 받았던 것이다. 이를 보면 송파구는 수요 억제 요인이 발생한다면 그 영향을 직접적으로 받는 지역이라 판단할 수 있다.

향후 5년 송파구 아파트의 가격을 예상하기 위해서는 서울 아파트의 평균 가격과 송파구의 흐름을 전체적으로 살펴봐야 한다. 부동산 열기가 과하지 않은, 즉 일반적인 상황에서 송파구의 가격은 서울 평균에 비해 평당 1,000만 원 정도 높은 수준을 보인다. 그런데 2021년 하반기부터 가격의 격차가 기존 1,000만 원에서 2,000만 원으로 커진 것은 일반적이지는 않다. 원래의 흐름에 비해 과하게 상승한 것으로 볼 수 있다.

향후 서울 지역의 아파트 평균 가격이 하락세로 전환하면 송파구도 이에 따라 제한적이지만 영향을 받을 것으로 보인다. 다만 잠실주공 5단지 재건축이라는 상승요인이 송파구의 가격에 하방경직성을 두어 하락을 버텨내고 소폭 상승하는 모습을 보일 것으로 예상된다.

결론이다. 송파구 아파트는 중위 가격 기준, 2022년 2월 현재 평당 6,000만 원 수준에서 2024년 말에는 평당 6,500만 원, 2027년 말에는 7,000만 원 수준으로 가격이 상승할 것이다. 예상치만 놓고 보면 5년간 20% 정도의 상승이니 연간 4~5% 상승이다. 화끈하게 오르는 것은 아니다. 그런데도 서울 인기 지역을 제외하고 기타 지역이 하락세로 전환되는 상황에서 선방했다는 인식을 주기엔 충분할 것이다. 다른 지역이 하락할 때 송파구가 하락만 안 해도 그만큼 상승하는 것으로 볼 수 있기 때문이다.

기대치가 가장 큰 용산구

　서울 강북지역에서 부동산 가격의 전체적인 하락세에도 불구하고 값이 상승할 여력이 충분한 두 지역은 용산구와 성동구다. 그중에서도 용산구는 한강 조망과 고급 주거 지역이라는 이미지를 가지고 있다. 거기에 더해 윤석열 대통령의 집무실이 들어서고 공원도 개방되는 등 호재가 추가되어 더욱 전망이 밝은 곳이다. 게다가 한남뉴타운도 1구역에서 5구역까지 각자의 이해관계에 따라 구역별로 사업 진행 속도가 차이가 있기는 해도 개발에 대한 기대감을 계속 올려주는 요인임에는 분명하다.

　돈 있는 사람들이 좋아하는 지역은 상승할 땐 많이 상승하고 떨어질 땐 적게 떨어지거나 떨어지지 않는다는 특징을 가지고 있다. 이러한 점은 주식에서 이야기하는 '하방경직성'이라 할 수 있는데, 서울 강북지역에서 하방경직성이 가장 강한 지역은 용산구와 성동구라 할 수 있다.

용산구 : 상승세가 더욱 강해진다

용산구는 한강을 바라보며 남향으로 집을 지을 수 있다는 강점을 가지고 있다. 강남구의 경우 한강이 보이는 아파트를 지으려면 북향으로 지어야 한다. '한강뷰'라는 강점이 워낙 높은 가치를 가지고 있기 때문에 강남구와 서초구의 아파트들은 북향을 감수하고 지어야 한다. 용산구는 이러한 지리적 장점 외에도 한남뉴타운 개발에 대한 기대감이 부동산 가격 상승에 지속적으로 반영될 것으로 보인다. 금리와 경제지표들이 하락요인으로 작용한다 해도 호재가 더 강력하여 상승세가 매우 높을 것으로 예상된다.

지금까지 용산구의 아파트 가격은 의외로 서울 평균과 큰 차이가 없었다. 특히 2017년 11월에는 서울 아파트 가격 평균이 평당 2,259만 원, 용산은 이보다 422만 원 비싼 2,681만 원이었다. 부동산 가격 상승세가 강해진 2018년부터는 그 격차가 점차 늘어나서 2022년 2월엔 서울 평균이 4,000만 원 수준인 데 비해, 용산구는 그보다 50% 정도 높은 5,700만 원이다. 단순하게 보면 5년 전까지는 서울 평균과의 차이가 400만 원 정도였는데 이제는 평당 1,700만 원의 격차를 보이는 상황이다.

이러한 수치가 의미하는 바는 용산은 아직까지 상승할 여력이 더 많이 남아있다는 것이다. 2022년 2월 기준, 중위 수준 아파트의 평당 가격이 강남구 8,000만 원, 서초구 7,000만 원, 송파구 6,000만 원, 용산구가 5,700만 원이다. 가격만 놓고 보면 용산구는 송파구에 근접한 수치를 보인다. 향후 강남구와 서초구 수준으로 가격 형성이 가능하다는 점을 고려하면 용산의 상승 여력을 짐작할 수 있다.

[8-4] 용산구 아파트 중위 가격 추이

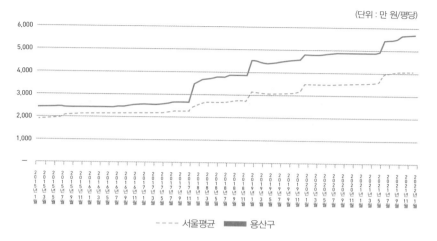

(단위 : 만 원/평당)

- - - - 서울평균　▬▬ 용산구

　결론이다. 2022년 2월, 용산구 중위 가격 아파트는 평당 5,700만 원
이다. 용산구 공원 개방과 대통령 집무실 이전 등의 단기적 호재에 의
해 2022년 말에는 평당 6,500만 원, 2024년 말 7,500만 원, 2026년 말
8,500만 원 수준까지 상승할 것으로 예상된다. 2025년 이후 한남뉴타운
입주가 가시화되면서 용산구의 가격은 추가로 상승할 여력이 충분해 보
인다.

1기 신도시 개발의
대표적 수혜지역 분당 & 평촌

윤석열 정부는 주택공급을 확대하기 위해 '1기 신도시 특별법'을 추진하여 10만 호의 주택을 추가 공급하겠다는 계획을 가지고 있다. 1기 신도시의 전체 주택 수가 30만 호 내외이니 단순하게 보면 현재보다 30% 정도 더 많은 주택이 들어서게 될 것이다. 1기 신도시는 1990년 초 분당 10만 호, 일산 7만 호, 중동, 평촌, 산본 각 4만 호, 이렇게 5개 지역에 총 30만 호가 공급되었다.

윤석열 정부의 1기 신도시 계획이 발표됨에 따라 분당과 일산이 높은 상승세를 보였다. 지은 지 30년이 지나 재건축 요건을 충족했기 때문이다. 이제 1기 신도시 각 단지는 리모델링과 재건축 중에서 선택을 할 수 있게 됐다.

윤석열 정부에 의해 5개의 신도시가 모두 수혜지역이 될 수 있지만,

구분	분당	일산	평촌	산본	중동
가구 수(가구)	9만 7,600	6만 2,000	4만 2,000	4만 2,000	4만 2,000
평균 용적(%)	184	169	204	205	226
최초 입주	1991년	1992년	1992년	1992년	1993년

출처 : 국토교통부

가격 측면에서는 명암이 갈릴 것으로 보인다. 결론부터 말하면 분당과 평촌이 최대 수혜지역이 될 것이다.

분당 : 강남이 가까워 개발 계획만으로도 매력적이다

1기 신도시 중 최대의 수혜를 입는 지역이다. 위치상 서울 강남권과 가깝고 거주환경이 좋으며 판교 등 인근에 직장 거주 수요도 많다. 가격 추이를 보면 2021년 상반기까지 서울의 아파트 평균 가격과 매우 유사한 흐름을 보이다가 하반기부터는 신분당선의 기대감이 반영되어 중위 가격을 기준으로 평당 1,000만 원 차이를 보였다. 이때는 1기 신도시에 대해 특별법을 추진한다거나 본격적으로 대통령 선거철이 시작된 시기도 아니었다.

1기 신도시 특별법을 추진하면 200% 내외의 용적률이 500%가 될 수 있어 더 높이, 더 많이 주택을 공급할 수 있다는 점은 사실이지만 현실적으로는 추진이 어렵다. 특히 윤석열 대통령 재임 기간 내에 가시적 성과를 내기도 힘들다. 재건축이든 리모델링이든 착공 전까지의 단계를

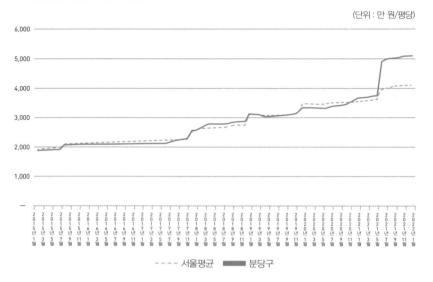

[8-6] 분당 아파트 중위 가격 추이

(단위 : 만 원/평당)

---- 서울평균 ▬▬ 분당구

아무리 서둘러도 2년 정도의 시간이 소요되고 여기에 실제 아파트 건설 기간 1년 6개월까지 고려하면, 물리적으로 필요한 최소한의 시간은 3년 6개월로 계산해야 한다. 그런데도 분당이 1기 신도시 중 가장 많은 수혜를 입을 수 있는 이유는 바로 강남 접근성과 기대감 때문이다.

강남과 물리적 거리가 가깝고 신분당선 등의 교통 여건이 나아진다는 점은 강남지역의 가격 상승세가 분당과 직접적 연결이 가능해짐을 의미한다. 정부의 정책과 상관없이 향후 서울 강남구와 서초구의 아파트 가격이 지속적인 상승세를 보일 수 있다는 점을 고려하면, 이와 연계되어 분당 역시 가격이 상승할 것으로 예측된다.

여기에 더해 기대감 역시 가격을 상승시키는 요인이 된다. 은마아파트, 잠실주공아파트 등 재건축 예정 아파트들이 실제 사업 진행 속도와 무관하게 '재건축 예정'이라는 계획 자체가 호재로 작용하고 있다. 분당 역시 실제 사업 추진 속도와는 무관하게 1기 신도시 특별법이 추진된다는 것 자체가 가격 상승의 호재로 작용할 것이다.

평촌 : 교육 수요와 개발 기대감이 크다

평촌도 분당과 함께 1기 신도시 특별법의 최대 수혜지역이 될 것이다. 평촌신도시의 위치를 보면 경기도 안양에 있는데, 이 지역은 경기지역의 사교육 1번지로 유명하다. 경기도에서는 안양, 수원, 안산, 화성, 오산, 평택에서 학생들이 오고 서울 금천구에서도 학생들이 학원 통학을 한다. 서울 노원구 중계동이 위치상 외곽지역임에도 불구하고 인근 지역에 비해 주택 가격이 높은 것은 결국 사교육 맛집이기 때문인데, 평촌신도시 역시 경기권에서 사교육으로 인해 주택 가격이 강세를 보이는 지역이다.

평촌의 가격 상승요인은 개발 기대감과 교육 수요 이렇게 두 가지가 대표적이다. 개발 기대감은 '1기 신도시 특별법'에 의한 것으로, 기존 평촌의 평균 용적률이 204%였을 때엔 250%, 300%의 일반적인 용적률 상향 조정으로는 수지타산이 맞지 않아 개발 진행 가능성이 낮았다. 그러나 법 개정을 통해 500%까지 상향 조정된다면 적극적으로 개발을 진행할 인센티브가 충분해진다. 물론 실제 개발은 당장 시작될 수는 없으나 500%라는 상징적인 용적률 상향 조치는 평촌신도시에 기존의 실수요와 함께 투자 수요까지 유인할 수 있는 호재로 작용할 수 있다.

[8-7] 평촌(안양시 동안구) 아파트 중위 가격 추이

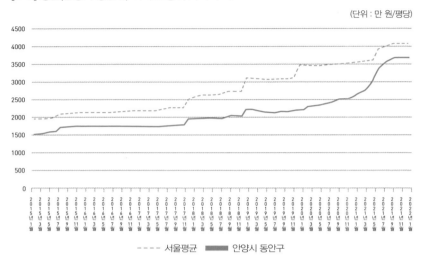

(단위 : 만 원/평당)

교육 수요는 어떨까. 교육 수요는 새로운 수요는 아니지만, 인근 지역에서 평촌을 대체할 만큼 교육여건이 좋은 지역이 없기 때문에 가격 상승의 요인으로 작용할 수 있다. 특히 윤석열 정부는 입시에 있어 공정함을 강조하는 입장이다. 기존 엘리트들과 사회 유력 인사들이 부모찬스를 통해 부정한 방법으로 자녀의 명문대 입학을 도운 사건이 권력을 흔들었다는 사실을 봐왔기 때문에 대학입시에 있어서 정시 비중을 늘릴 예정이다. 정시 비중의 확대는 곧 사교육 수요의 증가와 연결되기에 평촌은 교육 수요에 의한 부동산 가격 상승도 예측해 볼 수 있다.

일산 : 수요는 일정한데 공급이 늘어난다

1기 신도시 특별법이 제정될 것이라는 소식에 분당과 일산의 부동산 가격은 동시에 상승했다. 일산 역시 1기 신도시 특별법의 수혜지역이 될 것으로 예상하는데, 일산의 부동산 가격이 상승하는 데는 몇 가지 한계가 있다.

첫 번째 한계는 '직주근접'이다. 즉 직장과 주거지가 가까운 것을 선호하는 현상을 가리킨다. 과거 1기 신도시가 지어지던 90년대 초반까지, 서울의 핵심 상업지역은 서울역, 광화문, 여의도였다. 일산 거주자들은 자유로를 통해 서울의 상업지역까지 접근하는 것에 전혀 문제가 없었다. 그런데 시간이 지나 서울의 핵심 상업지역이 강남역, 역삼역, 판교 등 강남권으로 이동하게 되자 일산 거주자들은 직장과의 거리가 멀어지게 되고 이에 따라 수요가 추가적으로 늘어나지 못했다.

같은 1기 신도시인 분당과 비교해보면 이러한 점이 명확하게 드러난다. 분당은 강남권에 인접해 있어 강남 직장인들의 수요가 지속적으로 증가했다. 경부선을 따라 신도시들과 택지지구들이 계속 개발되는 것은 결국 강남지역으로 통근하는 직장인들을 흡수하기 위한 것이었다.

물리적 거리는 일산 호수공원에서 직선거리로 서울역까지 20km, 여의도 국회의사당까지 20km, 강남역까지 28km다. 기존 핵심 상업지역까지는 20km인데 강남 상업지역까지는 30km인 셈이다. 일산에 살던 직장인이 근무지가 서울역이나 여의도라면 출퇴근이 좀 고생스럽더라도 버틸 수는 있다. 그런데 근무지가 강남지역이면 1시간을 더 가야 한다. 이러한 경우들이 모여 일산의 수요가 늘어나지 못하고 있다. 직주근접의 관점에서 보면 서울 상업지역의 강남권 집중 현상은 일산의 수요 감소와 연결되는 악재라 볼 수 있다.

두 번째 한계는 주변 지역의 주택공급 증가다. 1기 신도시 일산, 2기 신도시 파주 교하, 3기 신도시 고양 창릉. 매번 신도시가 발표되면 일산 주변에 신도시가 개발되고 공급된다. 수요와 공급의 측면에서 보면 수요가 일정하거나 감소하는 상황에서 주변의 신도시로 인해 공급은 늘어나는 상황이다. 1기 신도시 특별법을 통해 일산에서 개발이 활발하게 진행된다 하더라도 확실히 개발이익을 얻을 수 있다는 확신을 가지기 어렵다.

결국 재건축이나 리모델링은 해당 사업지의 주변 시세가 올라 개발사업을 진행하면 이익을 얻을 수 있어야 하는데 주변 시세가 강한 상승세를 보이지 않는다면 개발사업 자체도 강한 추진력을 가지기 힘든 상황이다.

무조건 떨어지는 서울 남부 구금관

윤석열 정부의 시작과 함께 가격이 하락세로 전환될만한 몇 곳을 선정해 보았다. 하락세는 윤석열 정부의 정책에 의한 수요 억제라기보다는 경제 지표의 변화에 따른 결과라 할 수 있다. 지금까지 설명했던 부동산 하락요인의 영향을 강하게 받을 지역들이기도 하다.

구로구 : 소폭 하락 반복으로 5년간 30% 하락

구로구는 상승요인과 하락요인이 섞여 있는 지역이다. 우선 상승요인은 구로디지털단지 인근의 직장인들이 직주근접을 위해 선호하고, 서울 평균 집값에 비해 저평가되어 있어서 향후 상승 가능성이 있다. 하락요인은 구로구가 가진 기존의 부정적 이미지와 중국 동포 밀집 지역이

[8-8] 구로구 아파트 중위 가격 추이

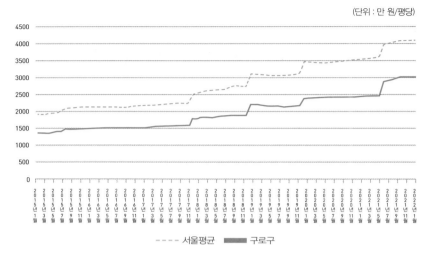

(단위 : 만 원/평당)

---- 서울평균　▅▅▅ 구로구

라는 인식 때문에 투자 수요가 제한적이라는 점을 들 수 있다. 구로구가 지금까지 상승했던 이유는 구로구가 가진 지역적 매력이 작용했다기보다는 저평가 인식과 함께 서울 기타 지역의 상승으로 인해 구매 수요가 자극을 받은 결과라 볼 수 있다.

　구로구 아파트의 가격 추이를 살펴보면, 2015년 1월엔 서울 아파트 가격 평균은 평당 2,000만 원, 구로구는 1,400만 원이었다. 그러던 것이 2022년 2월에는 서울 4,100만 원, 구로구 3,000만 원이 되었다. 서울 아파트 평균보다 평당 가격이 낮게 형성되어 있음을 알 수 있다. 가격 차이 역시 일정한 비율을 유지하는 모습이다. 이를 통해 유추해 볼 수 있는 것은 구로구의 향후 가격은 서울 평균과 등락을 같이 하면서 그보다 일정 수준 낮은 가격을 형성하리라는 것이다.

　향후 5년의 구로구 아파트 가격을 예측해보자면, 전반적인 부동산 시장

하락세의 영향을 받을 것으로 보인다. 가격은 2022년 2월 평당 3,000만 원 수준에서 2024년엔 평당 2,400만 원, 2026년엔 2,000만 원 수준으로 조정이 예상된다. 비율을 따져보면 대략 30% 정도의 전반적 하락세라 할 수 있다.

금천구 : 수요 감소와 부동산 정체로 5년간 50% 하락

금천구는 앞으로 하락요인이 강한 지역이다. 2025년에 개통 예정인 신안산선이라는 호재는 이미 집값에 반영되어 있고, 남은 것은 부동산 가격의 전반적인 하락에 따른 영향만이 있기 때문이다. 금천구는 전통적으로 구로구와 함께 낙후지역으로 인식되고 있다. 일명 '금관구'라 하여 금천구, 관악구, 구로구 이렇게 세 지역은 투자 수요는 물론 실거주 수요도 많지 않던 지역이다. 금천구의 주택 가격 수준은 서울에서 가장 낮은 편이고, 심지어 경기도 광명, 안양 등 인접한 지역보다 낮다. 교육환경, 직주근접, 교통 여건 등 집값에 플러스 요인이 될만한 요소들이 없다는 점도 집값 상승 여력이 부족한 원인 중의 하나였다.

금천구 아파트의 가격 움직임을 보면, 2020년 1월 전까지는 서울 평균 매매 가격이 오르는 것에 비해 상승 폭이 약했다. 서울의 아파트가 전반적으로 상승을 다 하고 나면 가장 마지막으로 상승의 여파가 미미하게 닿는 지역이기도 했다. 금천구의 매매 가격 흐름에 2차례 강력한 상승이 있었는데, 2020년 1월에 평당 매매 가격이 1,700만 원에서 2,000만 원으로, 2021년 9월에 2,300만 원에서 2,800만 원으로 상승했

[8-9] 금천구 아파트 중위 가격 추이

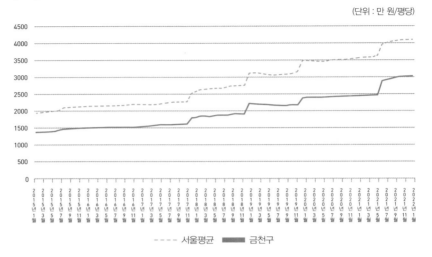

(단위 : 만 원/평당)

----- 서울평균　■■■■ 금천구

다. 불과 1년 6개월 만에 평당 가격이 1,700만 원에서 2,800만 원까지 급상승한 셈이다. 비율로 따지면 65% 정도 가격이 상승했다.

향후 금천구의 가격 흐름은 2023년부터 지속적으로 하락하여 2026년엔 평당 매매 가격이 1,400만 원 수준까지 하락할 것으로 예상된다. 2020년 1월 이전의 가격 수준이다.

관악구 : 수요 정체와 공급 증가로 5년간 30% 하락

관악구는 특별한 상승요인은 없다. 교통 여건 역시 2호선과 1호선을 제외하면 사통팔달의 편리한 교통이라 하기 어렵다. 과거 관악구는 고시촌과 유흥가인 신림동, 저소득층 주거지인 봉천동으로 대표되는 낙후된 이미지를 가지고 있었다. 봉천동이 재개발되어 젊은 신혼부부 위주

[8-10] 관악구 아파트 중위 가격 추이

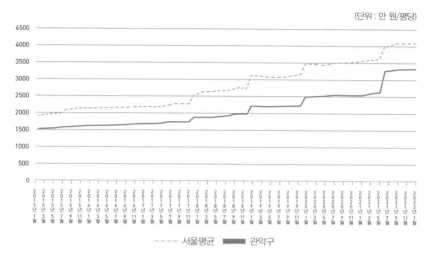

(단위 : 만 원/평당)

---- 서울평균　■■■ 관악구

의 아파트촌으로 변신했지만 아직 그전의 부정적 이미지는 남아있다. 관악구는 향후 어떤 모습으로 변할까?

　관악구의 아파트 가격 흐름을 보면, 서울 평균 가격과 유사한 흐름을 보이고 있다. 다만 2021년 7월경 가격이 급등에 가깝게 오른 것을 볼 수 있다. 기존 평당 2,600만 원에서 3,300만 원으로 2개월 만에 평당 가격이 27% 상승했다. 젊은 세대 위주의 거주지역이라는 점과 그 시기가 2030세대가 영끌로 주택을 매입하던 시기라는 점을 고려하면 수요가 급증하여 가격이 극적으로 상승한 모습이다. 이와 같은 급등 이전의 급등이나 급락 없이 조금씩 상승하는 모습을 보였다.

　관악구는 추가적인 수요가 발생하지 않으면 최근 3년간 상승한 만큼 하락할 것으로 예상된다. 젊은 세대의 투자 수요가 가격 상승의 요인인데, 앞으로 대출금리가 오른다면 더 이상의 투자 수요는 기대하기 힘들다. 수요는 정체되어 있는 상황에서 공급은 증가할 가능성이 높다. 다주택자 양도세 완화 같은 공급 유도 정책이 시행되면서 인근 고시촌 위주의 노후 단독, 다세대 지역에 재개발 사업이 활발히 진행될 것이기 때문이다.

수요는 정체, 공급은 점진적 증가하는 상황에서 가격은 강한 하락세를 보일 것이다. 우선 기존 상승분 30%를 그대로 반납하듯, 평당 매매 가격은 급격하게 하락할 것이다. 2022년 2월 현재 3,300만 원 수준의 중위가격 아파트의 평당 매매가는 2024년에는 2,500만 원으로 2026년 말에는 2,200만 원으로 하향 조정되리라 보인다. 간략하게 보면 향후 5년 동안 3,300만 원에서 2,200만 원으로 30% 이상 하락할 것으로 예상된다.

하락세가 뚜렷해지는 서울 북부 노도강

노원구 : 가격 상승 반발심에 의한 하락

노원구는 생활환경이나 교통환경이 좋아지는 가치의 상승이 아닌 재건축 사업이 활발히 진행될 것이라는 기대감으로 인해 가격이 급격하게 오른 지역이다.

노원구의 아파트 가격 추이를 보면 서울 전체 평균의 흐름을 일정하게 따라가다가 2021년 5월에 평당 2,400만 원에서 3,500만 원으로 상승하는 모습을 보인다. 1개월 만에 아파트 가격이 45% 정도 올라간 것이다. 급상승이라는 말이 어울리는 정도인데, 일반적인 경우 이렇게 가격이 상승하면 일정 부분 정체기를 겪게 된다. 실수요든 투자 수요든 너무 급등한 가격에 대해서는 거부감이 생길 수밖에 없기 때문이다. 노원구는 이러한 거부감의 영향을 많이 받을 것으로 보인다.

[8-11] 노원구 아파트 중위 가격 추이

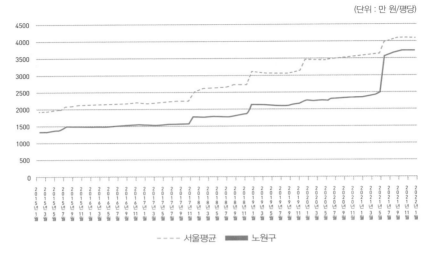

(단위 : 만 원/평당)

- - - - 서울평균　■■■ 노원구

　상계동은 상계주공아파트들이 재건축 사업 진행을 할 것이라는 기대감이 반영되고, 중계동은 사교육과 학군 수요가 꾸준하다. 이러한 기대감들은 2021년 말까지 최고조에 이르렀고 가격에 다 반영된 상태다. 2022년까지 노원구의 아파트 가격은 서울 평균 가격에 비해 낮은 수준으로 유지되었으며 향후 이러한 흐름을 유지할 것으로 보인다.

　기존엔 주공아파트가 재건축 기대감을 높이는 역할을 했으나, 윤석열 정부에서는 이러한 기대감이 오히려 낮아지고 금리 등 경제 지표에 의한 하락세의 영향을 직격으로 받을 것이다.

　향후 노원구 아파트 가격의 흐름을 예상해보면, 2022년 2월 기준 노원구 아파트의 평당 가격은 3,700만 원으로 서울 평균인 4,100만 원보다 10% 정도 낮은 수준이다. 2024년엔 3,500만 원에서 2026년엔 3,200만 원까지 5년간 총 20% 정도 하락을 예상한다. 부동산 시장이 전반적

[8-12] 창동 주공 7개 단지 재건축 현황

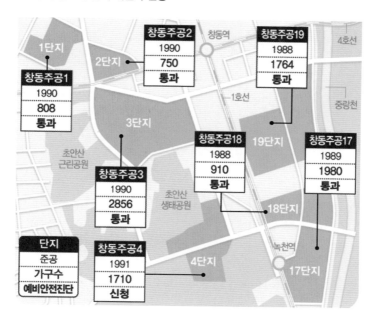

으로 하락세를 맞이할 때 노원구는 그 악영향을 더 많이 받을 것이다. 이미 노원구는 향후 재건축이 진행될 때의 가격이 다 반영되어 있는 상황이라 추가적으로 상승할 수 있는 여력은 찾아보기 힘들다.

도봉구 : 이미 충분히 반영된 재개발 기대감의 하락

도봉구는 상승요인과 하락요인이 동시에 존재한다. 상승요인으로는 창동주공아파트에 대한 재건축 기대감이고, 하락요인은 경제 상황과 그간 상승세에 대한 반발심이다.

2022년 4월 현재, 도봉구 창동에 위치한 주공아파트 단지들은 1990년

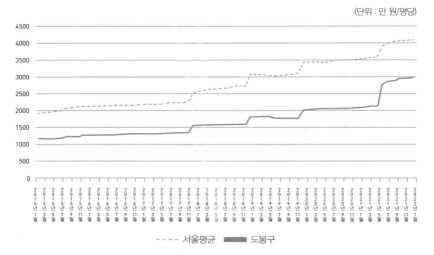

[8-13] 도봉구 아파트 중위 가격 추이

(단위 : 만 원/평당)

서울평균 ---- 도봉구 ■■■

을 전후해서 준공되어, 예비 안전진단까지 대부분 통과했다. 재건축 사업 진행에 있어 어려운 장애물들을 하나씩 제거하고 있다. 그런데도 도봉구는 2022년 하반기부터 윤석열 정부의 부동산 정책과는 상관없이 하락세를 보이리라 예상된다.

노원구와 유사한 이유에서다. 재건축 아파트들에 대한 기대감이 이미 시세에 반영된 상황에서 추가적인 수요가 들어오기 힘들고, 이미 상당히 올라버린 가격에 대한 반발심이 작용하기 때문이다. 여기에 더해 대출금리 상승에 의한 압박 역시 도봉구 아파트 가격의 하락요인으로 작용하게 된다. 앞으로 값이 오를 것으로 기대된다면 대출금리와 상관없이 재건축 사업이 완료되고 입주까지 되는 전 과정을 견뎌낼 수 있지만, 어느 순간 가격하락의 조짐이 보이면 대출 부담이 더 크게 느껴지고 매도에 대한 압박을 느낄 수밖에 없다. 창동주공아파트를 소유한 다주택자들은 중과세 완화 기간에 창동을 정리할 가능성이 크다.

도봉구의 아파트 가격의 흐름을 보면 서울 평균에 비해 상당히 낮은 수준임을 볼 수 있다. 2015년 서울 평균이 2,000만 원 수준일 때 도봉구는 1,200만 원 수준으로 서울 평균의 절반 정도의 시세를 보였다. 2022년 4월엔 창동주공아파트의 상승세 영향으로 서울 평균이 4,100만 원일 때, 도봉구는 3,000만 원이 되어 서울 시세의 75% 수준까지 시세가 형성되었다.

향후 5년간 도봉구의 흐름을 예측해보면, 중위 가격을 기준으로 2020년 1월 수준인 평당 2,000만 원까지 하락할 것으로 예상해 본다. 2022년 3,000만 원에서 2024년엔 평당 2,500, 2026년엔 평당 2,000까지 가격이 내려갈 것으로 보인다.

강북구 : 수요 정체와 공급 증가로 인한 하락

강북구는 각종 개발 호재, 수요 증가와는 거리가 멀다. 그런데도 가격이 올랐던 것은 대한민국의 모든 부동산이 오르니까 '그나마 여기는 아직 저렴하다'는 인식 때문이었다. 아파트 가격의 흐름을 보면 서울시 평균에 비해 낮은 수준으로 형성되어 있다. 일명 '노도강'이라 해서 노원구, 도봉구, 강북구는 저평가된 지역으로 많이 알려져 있다. 전세를 안고 매매를 하는 갭투자가 활발한 지역이기도 하다. 강남에서 가격이 올라가면 서울 전 지역 가격이 따라서 상승하다가 강북구에서 상승세가 마무리된다. 즉, 다른 모든 지역이 다 오르면 그때부터 강북구가 상승하

[8-14] 강북구 아파트 중위 가격 추이

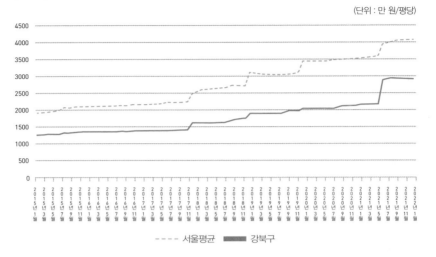

(단위 : 만 원/평당)

---- 서울평균　■■■ 강북구

는 것이다. 앞으로 강북구는 어떤 가격 흐름을 보일까?

지금까지의 강북구 아파트 가격 흐름을 보면, 앞으로 강북구가 어떻게 흘러갈지 예측할 수 있다. 2015년 1월, 강북구 아파트 가격은 평당 1,300만 원, 이때 서울 평균은 2,000만 원 수준이었다. 대략 서울 평균의 2/3 수준이 강북구의 일반적인 시세였다. 2022년 2월 말 수치를 보면 강북구는 3,000만 원 조금 안 되는 수준, 서울 평균은 4,100만 원 수준이다. 비율로 따져보면 3/4정도 되는 셈이다. 2015년엔 강북구 가격이 서울 평균의 65% 수준에서 73%까지 상승했다.

강북구에는 수요를 촉발할만한 호재는 별로 보이지 않는다. 반대로 공급은 확대될만한 요인이 많다. 노후 주거지를 대상으로 미니 재개발을 하는 '모아주택' 사업 또는 '신속통합기획' 등이 활발하게 진행될 것으로 보이기 때문이다. 수요는 정체된 상태에서 공급이 늘어나는 상황이다. 그 때문에 강북구의 전체적인 가격은 하락할 것으로 보인다. 시장이 왜곡되지 않는다면 강북구의 가격은 2015년처럼 서울시 평균의 2/3 수준에서 균형을 이루지 않을까 싶다.

가격을 예측해보자면, 강북구 아파트 중위 가격을 기준으로 2022년 평당 3,000만 원에서 2024년 평당 2,500만 원, 2026년 평당 2,200만 원 수준까지 떨어질 것으로 보인다. 비율로만 따지면 향후 4~5년 후 현재 대비 30% 정도 하락이다. 2027년 윤석열 대통령이 퇴임할 즈음에는 평당 2,000만 원까지, 2015년 수준으로 하락하지 않을까 싶다.

그간 강북구가 상승할 수 있었던 이유는 강북구 내부 호재가 아닌 다른 지역이 모두 오른다는 외부 호재 때문이었다. 돌려 생각하면, 부동산 시장이 전체적으로 하락하는 외부 요인에 의해 강북구는 하락할 수밖에 없고, 수요 요인이 뒷받침되지 못하는 상황이라면 그 하락 폭은 서울 평균에 비해 더 클 수밖에 없다.

Chapter 9

부동산 잔치는 끝났다

지금은 폭락의 빌드업 과정

지금 대한민국의 부동산은 '2026년 폭락'을 위한 과정을 차근차근 밟고 있다. 윤석열 대통령이나 원희룡 국토부 장관이 이러한 과정을 준비한 것은 아니지만, 결과적으로 윤석열 정부는 부동산 가격을 하락시켰다는 평을 듣게 될 것이다. 그렇다면 2026년을 기점으로 폭락에 가까운 모습을 보이는 과정, 즉 빌드업 과정을 살펴보자.

급격한 물가 상승

2022년 5월 들어, 소비자 물가 상승률이 자주 뉴스에 언급되고 있다. 장바구니 물가의 상승 때문에 주부들이 마트에서 물건을 집었다 놓았다 한다는 이야기, 음식값이 너무 올라 가족들과의 외식이 부담스럽다는 이야기들이 전해진다.

　물가에 있어 가장 큰 영향을 미치는 것은 원윳값이다. 눈썰미가 좋은 사람들은 길가에 스티로폼이 별로 보이지 않는다는 점을 눈치챘을 것이다. 필자가 근무하는 건물 옆 재활용 쓰레기장에는 항상 스티로폼이 산처럼 쌓여있었다. 다른 재활용 쓰레기는 가져가면 돈이 되는데, 스티로폼은 부피만 크고 돈이 되지 않았기 때문에 스티로폼은 재활용업체에 돈을 주고 치워야 한다는 속사정이 있었다. 그런데 최근에는 스티로폼이 별로 보이지 않는다. 재활용업체가 적극적으로 수거해가기 때문이다. 그렇다. 원윳값이 오르니 스티로폼도 이제 재활용하면 돈이 되는 상황인 것이다.

　중국의 경제 상황 역시 물가에 미치는 영향이 크다. 그전까지 중국은 세계의 공장이라 불리며 상상 이상의 싼값에 물건을 공급해왔다. 그랬던 중국이 최근엔 물건을 잘 보내지 않는다. 전염병으로 인해 공장을 폐쇄하고 주민들을 집에 가두기 때문이다. 개인적인 예측을 해보자면, 2022년 10월 중국은 시진핑 주석의 3 연임 행사를 앞두고 있기 때문에 적어도 2022년 말까지는 전처럼 싼 가격에 물건을 공급하고 이로 인해 물가를 안정시킬 수 있는 상황은 찾아오기 힘들 것이다.

　원유 외에도 곡물 가격이 무서울 정도로 오르는 상황이다. 우크라이나와 러시아의 전쟁으로 우크라이나의 광활한 밀 농사, 옥수수 농사 지역이 타격을 입었다. 밀가루값, 옥수수 기름값이 지금과 같은 상승세를 계속 유지할 것이라는 점은 쉽게 예측할 수 있다. 여기에 더해 팜유의 주요 공급원이었던 인도네시아가 내부 사정으로 수출금지 조치를 하면서 팜유도 수급이 원활하지 않다.

원윳값이 오르고 식재료값이 오른다. 이러한 상황에서 물가가 오르는 것은 당연한 일이다. 2022년 6월의 소비자 물가 상승률은 6%를 기록하였다. 이러한 물가 상승은 당분간 계속 이어질 것이다. 국가 지도자가 누가 되어도 이 물가 상승은 피할 수 없는 상황이다.

혹시 앞으로 원윳값이 안정되면 물가는 내려갈 수 있을까? 그렇지는 않을 것이다. 재료가격이 내렸다고 상품가격을 내리는 경우는 극히 드물기 때문이다. 그 반대로 재료가격이 약간만 올라도 유통과 소매업체는 상품가격을 마구 올린다. 한 병에 6,000이 된 소주의 경우, 공장에서 출고가를 50원에서 100원 올리면 식당에서는 1,000원을 올린다는 것을 이미 잘 알려진 사실이다.

일단, 앞으로 물가는 가혹할 정도로 계속 오른다는 점을 미리 염두에 두어야 한다.

기준 금리 인상에 따른 부동산 대출이자 상승

물가 상승이 심해지면 이에 대한 대책이 나와야 한다. 정부에서 매우 순진하게 "국민 여러분, 물가 상승은 피할 수 없습니다. 각오하셔야 합니다." 이런 식으로 접근하지는 않을 것이다. 국민들은 정부에 물가 상승 대책을 마련하라는 요구를 할 것이다. 윤석열 정부 역시, 과거 대통령들이 했던 것처럼 특별 대책반을 구성하거나 하루 단위로 양파, 무, 석유 등의 가격을 상황판으로 보고받는 대통령의 모습을 보여줄 것으로 예상된다. 두 손 놓고 있다는 인상을 주면 안 되기 때문이다.

물가 상승에 가장 강력한 대응 수단은 '금리 인상'이다. 일정 범위의 목표를 정해 그 안에서 물가가 오르는 것은 괜찮지만 그 이상 물가 상승이 지속되면 그때는 한국은행이 출동한다. 몇 번의 회의를 거쳐 물가 상승세를 진정시키기 위한 특단의 조치, 즉 기준 금리 인상을 결정한다.

한국은행의 존재 목적 자체가 물가안정이다. 2000년부터 2016년까지 한국은행의 물가안정 목표는 3%였다. 그러다가 최근에는 2%로 목표치를 낮추었다. 다시 말해, 한국은행은 물가상승률 2%를 유지하기 위해 기준 금리를 정할 것이다. 물가는 6% 올라가는데 목표는 2%인 상황이다. 한국은행으로서는 마침 미국 기준 금리도 올라가고 물가도 잡아야 하니 기준 금리를 올리지 않을 이유가 없다.

물가 상승은 대한민국만의 상황은 아니다. 미국에서도 과다한 물가 상승 때문에 2022년 들어 연이어 기준 금리를 인상하고 있고, 앞으로도 계속해서 인상하겠다고 예고한 상황이다. 대한민국 정부와 한국은행은 금리를 인상할 때 매우 조심스러운 입장이다. 본격적인 금리 인상이 시작되기 전부터 벌써 대출금리가 1% 오르면 이자 부담이 12조 원 늘어난다는 분석 기사가 나온다.

미국은 금리 인상에 대해서는 우리보다 과감하다. 이미 미국의 역사가 이를 증명한다. 미국 경제에서 '인플레 파이터'라 불리던 폴 볼커(1979~1987년 미 연준 의장)을 보면 미국이 석유파동 등으로 13%의 물가 상승에 달하는 인플레이션에 시달리자 이를 해결하기 위해 1981년 미국의 기준 금리를 20%까지 올렸다. 결국 기준 금리의 인상을 통해 1982년엔 4%의 물가 상승으로 경제를 지켜냈다.

1994년, 대한민국을 4년 후 부동산 폭락으로 이끌었던 미국의 기준 금리 인상 역시 인플레이션을 잡기 위한 미국의 정책이었다. 그린스펀 당시 연준 의장은 3%이던 기준 금리를 1994년 2월부터 1년 만에 한 번에 0.5%, 0.75%의 빅스텝을 밟으며 6%까지 올렸다. 인플레이션율은 대체로 2%대 후반이었지만, 당시 미국의 호황 등으로 인플레이션의 우려가 있었던 상황이었기 때문에 미국의 기준 금리 인상은 선제적 조치였다. 결론적으로 미국의 선제적 조치, 즉 기준 금리 인상은 성공적이었다. 비록 4년 후 대한민국은 나라가 망하기 직전까지 갔지만, 미국으로선 선방한 것이다. 이러한 선제적 조치가 지금 미국에서 실행되고 있다.

그렇다. 대한민국의 기준 금리 역시 미국을 따라 상승할 수밖에 없고, 이에 따라 대출이자도 올라갈 수밖에 없다. 대출이자의 상승은 곧 대출 부담이 높아진다는 것을 의미한다. 어떠한 상황에서든 부동산 가격이 오른다면 이 악물고 대출 부담을 감당하겠지만, 혹시 부동산 가격이 내려갈지도 모른다는 불안감이 생기면 굳이 대출을 계속 안고 갈 이유가 없다. 부동산 가격의 특징 중 하나가, 오르면 계속 오르고, 내리면 계속 내려간다는 것 아니겠는가. 마치 물을 담아둔 댐이 어느 한 곳에 균열이 생기면 결국 댐이 무너지는 것처럼, 한두 지역에 급매로도 거래가 안 된다는 소식이 들려오고 수도권 외곽지역이 기존 대비 몇천만 원 몇억 원 내려서 거래되면 그때는 균열이 본격화될 것이다.

물가 상승으로 서론을 시작하고 금리 인상으로 본론이 시작된다. 이제 남은 것은 이러한 서론과 본론의 결과가 어떻게 될까의 문제다.

부동산 가격 하락의
클라이맥스는 2026년

이 책을 통해 계속 강조하는 것은 바로 2026년은 부동산 가격 하락의 클라이맥스가 된다는 예측이다. 필자는 부동산이 폭락 수준까지 이를 것으로 본다. 폭락은 윤석열 정부와 서울시의 주택공급 확대 정책과 맞물려 더 큰 파괴력을 지닐 것이다.

분명해지는 양극화

부동산 시장이 폭락에 가까운 모습을 보인다 해도 대한민국 전체가 큰 폭으로 하락하는 것은 아니다. 일부 지역은 기존의 가격 이상으로 추가 상승한다. 지금까지 부동산 가격이 상승하면 상승세가 서울 강남에서 시작해서 서울 전체로 서서히 확산되다가 수도권과 지방까지 번지는 모습이었다. 하락세 역시 이러한 모습을 보일 것으로 생각하겠지만 그렇지는 않다. 서울 강남을 비롯한 몇 개의 핵심지역은 하락세와 상관없이 상승세가 계속되고, 나머지 지역은 뚜렷한 하락세를 보이게 된다. 즉 과거에는 오르면 다 같이 올랐지만, 떨어질 땐 다 같이 떨어지지 않는다는 뜻이다.

오를 지역은 8장에서 설명한 바와 같다. 다시 요약하자면 서울 강남 3구라 일컬어지는 강남구, 서초구, 송파구가 상승할 것이고, 서울 강남과 비슷한 위상을 가진 용산구도 금리나 경제 상황, 그리고 부동산 시장의 전반적인 하락세와 상관없이 상승할 것이다. 1기 신도시에서 분당과 평촌신도시 역시 흔하지 않은 상승지역이 될 것으로 예상한다. 구매력과 소득수준이 뒷받침되기에 가능한 이야기다. 반면, 서울의 기타 지역은 하락세의 직간접적인 영향을 받아 전체적인 가격 수준이 낮아지게 될 것이고 수치상으로 서울은 전체적으로 하락하는 결과로 나타날 것이다. 부동산 가격의 양극화가 더욱 심해지는 상황이 될 것으로 예상된다.

1기 신도시 중에서 일산은 윤석열 정부 취임 전후의 일시적인 상승세가 마무리되고 점차 하락할 것이다. 직주근접의 수요 발생을 기대하기 어렵고, 일산 인근에 신도시와 택지개발이 많이 이루어져 일산의 희소성이 떨어질 것이기 때문이다.

서울 인근의 지역 중에서 과천 역시 하락세를 피할 수 없다. 과천의 가격 흐름을 보면 상승세는 늦게, 하락세는 빨리 반영되는 모습을 보이기 때문이다. 과천 자체의 지역적인 개발 호재가 있다 해도 하락세를 막기에는 부족한 감이 있다.

동탄, 용인 등 경기 남부권 주요 지역들도 하락세가 심할 것으로 보인다. 직장인들 위주의 지역주민 구성을 고려해보면, 경제 지표의 하락에 예민할 수밖에 없다. 제한된 급여에 대출 부담이 늘어나는 상황이기에 추가적인 수요가 들어올 수 있는 환경이 아니다. 전세 가격의 소폭 하락이 해당 지역 하락세의 신호탄이 될 것이다.

서울의 하락세가 1이라면 기타 지방 대도시의 하락세는 1 이상이 될 것이다. 서울은 투자 수요와 거주 수요가 모여있음에도 하락을 겪게 될 텐데, 지방 대도시는 투자 수요보다는 실거주 수요가 집중되어 수요의 증가요인이 강하지 않다. 특히 투기지역으로 지정되지 않았다는 이유로 투자 수요가 몰렸던 지역은 그 하락세가 가파를 것이다. 기존의 상승분은 '가치'의 상승이 아닌 단순한 '가격'의 상승을 기반으로 했기에 하락폭은 기존 가격 상승분에 더하여 하락에 대한 공포심까지 반영될 것이다. 비규제지역이라는 특징 때문에 과거 3억 원의 주택이 가격 상승하여 5억 원까지 올랐다면 이제 그 주택의 가격은 기존의 3억 원에서 추가 하락하여 2억 원이 될 가능성이 크다.

이러한 현상들이 2026년에 극대화되어 2025년부터는 '전셋값 하락 사태', '깡통전세'와 같은 부동산 시장 불황의 뉴스 타이틀을 많이 보게 될 것이다. 갭투자로 인해 피해를 입은 전세 세입자들과 주택 가격 하락으로 손실을 보고 극단적인 선택을 하는 투자자들의 이야기도 가끔 들려올 것이다.

대세 하락세로 흘러갈 부동산 시장

제비 한 마리가 왔다고 해서 봄이 온 것은 아니라고 한다. 한두 지역이 하락한다 해서 부동산 시장의 전체적인 폭락으로 이어지지 않는다. 다만, 제비 한 마리가 왔다는 것은 이제 다른 제비들이 한꺼번에 몰려올 것이라는 신호이고, 한두 지역의 하락은 앞으로 다가올 부동산 폭락의 신호임을 읽을 수 있어야 한다.

이전에도 부동산 시장이 폭락한다는 주장을 했던 학자들과 전문가들이 많다. 그런데 그 주장은 '당위'에 기반한 것들이 많았다. 즉, 부동산 가격이 상승한 것은 옳지 못한 현상이므로 내려가야 한다는 주장이었다. 여기에 더해 앞으로 인구가 줄어들어 집에 대한 소유의식이 약화될 것이기 때문에 부동산 가격은 당연히 하락해야 한다는 주장들도 많았다. 출발점은 다르지만 이러한 주장들이 실제로 2026년에는 현실화될 것으로 보인다. 옳고 그름의 문제가 아닌 금리의 문제로 인한 하락이다.

앞으로 부동산 가격은 일부 지역을 제외하면 대세 하락할 것으로 예상된다. 그렇다면 부동산 전략을 어떻게 가져가면 좋을까? 무주택자들은 집을 안 사는 게 나을까, 다주택자들은 지금 전부 처분하는 것이 나을까 등등 여러 가지 질문이 있을 수 있다. 다음 항목에는 상황별로 가장 경제적인 선택은 어떤 것들이 있는지를 제시하도록 하겠다.

3

내 집 마련의 마지막 기회 2026년

필자가 부동산 관련 세미나를 할 때 청중들에게 항상 물어보는 것이 있다. 10년, 20년 전으로 돌아간다면 어떤 투자를 하고 싶냐는 질문이다. 대부분의 경우, 영혼까지 다 끌어모아서 강남의 집을 사겠다고 한다. 20년 전의 IMF, 10년 전의 금융위기를 힘들게 겪는 동안, 위기를 지나면 부동산 가격이 대폭 상승하는 모습들을 봐온 경험들 때문일 것이다.

꽃이 진 다음에 봄이 왔다

나중에 돌아보면 '대박'이라고 할만한 좋은 투자 기회는 10년마다 무섭게 찾아왔었다. 당시에는 알지 못했지만, 기회는 우리 앞에 있었던 것이다. 주식시장 전체가 완전히 폭락하고 투자자들의 공포가 최고조에 달했던 때가 사실 최고의 투자 기회였다는 식이다. 그렇다. 꽃이 진 다음에야 봄이었다.

그리스로마 신화에 따르면 기회의 여신인 오카시오는 특이한 외모를 가지고 있다고 한다. 앞머리는 풍성하지만 뒷머리는 없고 발에 날개가 달려 있다. 그런데 기회의 여신이 이렇게 범상치 않은 모습을 하게 된 데는 이유가 있다. 풍성한 앞머리는 사람들이 자신을 보았을 때 쉽게 잡을 수 있도록 하기 위해서고 뒷머리가 없는 이유는 한 번 지나갔을 때 다시는 붙잡지 못하도록 하기 위해서며 발에 날개가 달린 이유는 최대한 빨리 사라지기 위해서라고 한다. 좋은 투자의 기회가 왔을 때 공포심에 못 이겨 타조처럼 머리를 땅에 묻고 '현금이 최고야'라며 세뇌하기보다는, 맹수처럼 전력을 다해 그 기회를 잡겠다는 마음가짐이 필요하다.

첫 번째 기회 – 1997년 IMF 외환 위기

벌써 20년도 더 지난 이야기다. 1997년 말, 대한민국의 시스템 자체를 바꾸었던 경제 위기가 찾아왔다. 대기업도 망한다는 것, 종신 고용이라는 아름다운 고용 형태는 없다는 것, 비정규직이라는 취업 형태가 있다는 것 등 새로운 인식이 확산된 때이기도 하다.

코스피 지수는 1994년 11월 8일에 1,138포인트였는데 6개월 후 지수가 280포인트를 기록하면서 6개월 전 대비 1/4수준으로 폭락했다. 만일 이때 주식시장에 투자했다면 단순 계산으로도 2년 후엔 4배까지 수익을 얻을 수 있었을 것이다.

물론 그 당시 주식투자는 거의 자살 행위였다. 대기업들도 언제 부도 날지 모르는 상황이었기 때문에 투자는커녕 생존이 문제였던 시기였다. 주식도 그러했고 부동산도 그러했다.

두 번째 기회 – 2007년 글로벌 금융 위기

1997년의 IMF 사태로부터 10년이 지난 2007년에는 미국발 금융위기가 닥쳤다. 미국의 주택 가격 거품이 꺼지면서 주택담보대출과 이와 연결된 파생 상품들이 모두 휴지 조각이 돼버렸다. 세계 경제의 대장 격인 미국이 흔들리자 여파는 전 세계로 퍼져나갔고 우리나라 역시 예외는 아니었다. 2007년 10월 말 2,064포인트였던 우리나라 코스피 지수는 금융 위기의 여파가 본격화된 2008년 10월 24일에는 938포인트를 기록하면서 주가 수준이 말 그대로 반 토막이 났다.

이때도 역시 공포심이 투자자들에게 강력하게 작용했다. 미국의 상황이 힘드니까 전 세계 경제가 다 망한다, IMF 위기 때와 달리 강대국들까지 어려우니 경제 회복은 불가능하다는 식의 부정적인 전망이 대다수를 차지했다. 역시 생존이 문제였지만 지금 돌이켜보면 투자의 좋은 기회라는 것을 그때는 몰랐다.

세 번째 기회 - 코로나19

이번에는 단순 경제 위기가 발생한 것이 아니라 전염병이 전 세계를 강타하며 경제를 뒤흔들어버렸다. 아직 현재 진행형인 코로나19 사태는 2020년 3월 20일 코스피 지수를 1,566포인트로 끌어내리기도 했다. 2020년의 시작이었던 1월 3일 코스피 종가 기록이 2,176포인트였던 점을 고려하면 연초에 비해 30% 가까이 하락했던 셈이다. 이때 과감하게 투자를 시작한 사람들이 많다. 어차피 삼성전자가 망하면 우리나라도 망한다는 믿음에서 출발한 '동학개미운동'이 대표적이다.

부동산 측면에서 코로나19는 직접적인 영향을 미치지 않았다. 다만, 코로나19 시기에도 부동산 가격이 지속 상승했다는 점을 고려하면, 그때 역시 부동산 투자에 있어 기회의 시기라 할 수 있다.

앞의 세 번의 사태는 잘 알려진 내용들이다. 당시 과감하게 투자했다면 비교적 만족스러운 수익을 얻을 수 있었으며, 국가 경제의 위기가 클수록 나중에 얻게 되는 과실은 더욱 크다는 것 역시 재테크에 관심이 조금이라도 있다면 잘 알 것이다.

이러한 기회들을 제때 잡지 못해 아쉬울 수도 있지만 굳이 그럴 것 없다. 국가적인 경제 위기는 다시 찾아온다. 과거 세 번의 위기를 연도 기준으로 보면 1997년, 2007년, 2020년으로 대략 10년의 시간적 간격을 두고 있다. 이러한 주기가 반복된다면 2030년과 2040년에도 우리가 미처 예상하지 못한 이유로 경제가 어려워질 수 있다. 참으로 진부하지만 '위기가 기회'라는 말은 투자에서만큼은 맞는 말이라고 할 수 있다.

마지막 기회 - 2026년

부동산에 있어 마지막 기회는 2026년을 전후로 올 것이다. 그때가 지나고 대략 3~4년 지나면 또 꽃이 진 다음에야 봄이었다고 되돌아볼 때가 있을 것이다. 무주택자들에게는 거의 마지막 기회가 오는 셈이다. 부동산 가격이 하락할 때 '더 떨어지면 사자', '이런 시기에는 현금 보유가 답이다', '쉬는 것도 투자다' 이런 생각을 할 수도 있다.

기존에 그러했듯, 이번에도 2026년 이후 부동산 가격은 서서히 회복세를 보일 것이고 2030년경이 되면 서울 각 지역은 새로운 최고가를 기록하면서 거래될 것으로 예상된다. 이론적으로는 부동산 하락세가 가장 심한 2026년에 주택을 매입해서 이후 상승기를 맞이하는 것이 가장 완벽한 타이밍이 될 수 있다. 다만, 현실적으로는 최저점을 찾기는 쉽지 않다.

'2025년 하반기까지 자금계획을 세워 주택을 매입하겠다' 이렇게 계획을 세워보면 좋을 듯하다. 대통령이 누구든 상관없이 오를 지역이면 지금 매입하는 것이 더 좋은 선택일 수 있다. 기타 지역이라면 호흡을 가다듬으면서 때를 기다려보는 것이 좋다. 그렇다. 급할 것 없다. 조금만 더 기다리면 주택을 팔고자 하는 매도 물량이 많아지고 주택 수요는 줄어들어 주택 가격은 하향 조정된다. 지금 섣불리 매입하게 되면 대출 부담만 커지고 가격은 하락하는 이중고를 겪을 가능성이 크다. 마지막 기회가 왔을 때를 위해 미리 현금을 준비하는 것이 더 현명한 접근이다.

집 가진 사람들을 위한 전략

유주택자들에게는 집값이 하락한다는 소식은 결코 반갑지 않다. 전세를 안고 매입하는 일명 갭투자를 많이 한 유주택자들에게는 고민될 수밖에 없는 상황이다. 가격이 내려가는 주택을 계속 끌어안고 가는 것은 심리적으로 부담이 될 수밖에 없다. 무리해서 대출을 받아 주택을 매입했다면 앞으로 3~4년간은 현재보다 대출 부담이 2배 정도 올라간다고 미리 각오하고 계획을 세워야 한다.

선택과 집중이 필요한 시기
'선택과 집중'은 여러 개의 사업 분야를 다 끌고 가기에는 기업의 자원이 부족할 수 있으므로 자신 있는 사업 분야에 집중하자는 사업전략이다. 마치 로마나 중세 유럽에서 주변 국가를 정복하기 위한 전쟁을 할 때 '분할정복' 전략을 쓴 것처럼 말이다.

유주택자 역시 이러한 선택과 집중이 필요한 시기다. 소유하고 있는 모든 주택이 다 소중하고 팔기 아까울 수밖에 없지만 앞으로 예상되는 부동산 대세 하락기에는 오를 곳은 남겨두고 내릴 곳은 처분하는 전략이 필요하다. 2023년 상반기까지 양도세 중과에 대한 유예기간이 주어졌으니 이를 활용하여 2023년 상반기 이전까지 핵심 보유분을 제외한 나머지 주택을 처분하는 것이 합리적이다. 내릴 곳을 처분하여 자금을 확보하고 향후 부동산 하락기 상황에서 낮아진 가격에 주택을 매입하는 전략이다.

1주택자 : 장기보유가 답이다

1주택자라면 대출을 활용한 경우, 부담이 커지게 될 것을 미리 고려해야 한다. 변동금리에서 고정금리로 바꾸는 방법으로 대출 부담을 일정 부분 낮출 수는 있겠지만 대출금리 자체가 높아지는 상황이기에 큰 도움이 될 것 같지는 않다. 가장 좋은 경우라면 대출 없이 부동산을 매입한 경우라 할 수 있겠지만 대출 없이 주택을 매입할 수 있는 경우는 많지 않다. 대출 부담이 2024년 초까지 클 것이라는 점은 거의 확정적이고, 이후 대출이자가 어떻게 될지는 미국의 기준 금리 상황에 따라 유동적이다.

1주택자라면 앞으로 3~4년간 주택 가격의 하락세가 지속될 것임을 미리 생각하여 그에 따른 대출금 상환을 위한 자금계획을 세워야 한다. 앞으로 부동산 하락기를 거치면서 심리적으로 불안할 수 있다. 눈앞에서 집값이 떨어지는 모습에 마음이 흔들릴 수밖에 없을 테니 말이다. 하지만 기억할 것은 과거 IMF 등을 지나면서 경험했던 '하락 후 회복과 상승'이다. 부동산 가격은 2026년까지 하락하고 이후 회복과 상승을 계속 이어 나갈 것이다. 직관적으로 이해하려면 윤석열 정부 5년 동안 주택 가격이 계속 하락할 것이고 대출 부담은 늘어날 것이라고 보면 된다. 윤석열 대통령 이후의 다음 대통령이 취임하게 되면 그때부터 서서히 주택 가격은 회복세를 보일 것이다.

1주택자를 위해 조언을 하자면, 주식시장에서 쓰는 'Buy & Hold' 전략이다. 주식에 투자했다가 가격이 내려갈 것 같으면 손절하는 것이 아니라 계속 보유하면서 가격이 오르기를 기다리는 전략이다. 즉 장기보유 전략이다. 주식과 다른 점이 있다면 주식은 가격이 다시 오르는 시점이 언제인지 알기 어렵지만, 주택은 흐름이 예측 가능하다는 것이다. 특히 하락 후 회복과 상승 패턴은 그간의 경험을 통해 충분히 학습되었기 때문에 불안한 마음을 줄일 수 있다. 1주택자들은 계속 버티는 것이 가장 좋은 전략이다.

다주택자 : 서울 핵심지역이 아니면 팔아야 한다

집값이 하락하면 1주택자와 다주택자 구분 없이 고통스럽다. 특히 다주택자라면 더욱 고통스럽다. 1주택자는 실거주를 하면서 버티는 것이

가능하지만 다주택자는 전세나 월세로 유지하고 있는 집이 전세 가격 하락, 매매 가격 하락 등으로 재산이 줄어드는 것이 눈에 보이기 때문이다. 가장 기본적인 전략은 선택과 집중, 즉 앞으로 내려갈 것 같은 지역 특히, 서울 핵심지역이 아닌 곳에 투자용으로 매입했던 서울 외곽, 지방 도시들의 주택은 매도 처분하는 것이 좋다. 2023년 중에는 실거주용과 알짜 부동산을 제외하고는 나머지는 처분하여 현금을 확보하고 2025년 이후 하락세가 심했던 지역을 선택하여 다시 매입을 시작하는 것이 현명하다.

윤석열 정부는 양도세와 취득세에 있어서도 직전 정권의 정책에 무리한 점이 있다는 것을 인정하고 완화할 예정이니 세금에 관한 부담은 상대적으로 줄어들 것이다. 세금이 무서워 정리 못 하는 일은 적어도 당분간 없을 것이니 내가 가진 부동산이 앞으로 오를지, 내릴지 판단하고 실행하는 일만 남았다.

다주택자들 입장에서는 열 손가락 깨물어 안 아픈 손가락은 없을 것이다. 매입을 결심했을 땐 그 나름대로 투자이유가 있었을 것이고, 개발 호재 등을 꼼꼼히 확인했을 것이다. 그런데도 어떤 부동산들은 지금 처분하는 것이 더 이익일 수 있다.

앞으로 5년, 부동산 투자 어떻게 할 것인가

집은 비싸다. 이만하면 가격이 괜찮다 싶은 적은 단 한 번도 없었다. 서울 강남구의 집값이 평당 5,000만 원일 때도 '집에 금테를 둘렀나. 아무리 강남이라지만 너무하다'고 생각했고, 평당 1억 원을 육박하는 지금도 '아무리 강남이라지만 너무 비싸다'는 생각이 일반적이다. 앞으로 평당 2억 원이 된다면 집이 비싸다는 생각은 더욱 강해질 것이다. 다시 말하자면 집은 항상 비쌌다. 옛날에도 비쌌고 지금도 비싸다. 앞으로는 어떻게 될까? 여전히 비쌀 것이다.

집은 언제나 비쌌다

1997년 IMF 외환 위기는 벌써 20년도 더 전의 이야기다. 우리나라 대기업들이 망하고 실업자가 폭증하면서 나라의 경제가 휘청이던 시절이었다. 이때 집값은 반값이 되었고 그마저도 계속 하락했다. 그러나 '집값이 떨어졌으니 이제 살 만하다!'라고 생각하는 사람은 거의 없었다. 이 시기에 집을 사는 것은 바보 같은 짓이었다. 당장 내일 나라가 망할지도 모르는데 집을 왜 사느냐고 생각했고, 자고 나면 어차피 또 집값이 떨어질 텐데 지금 사면 너무 비싸게 사는 것이라고 생각하는 식이었다. IMF 외환 위기 시절, 집값은 내리고 내려서 많이 떨어졌었지만, 그때도 평범한 사람들에게는 집은 매우 비싼 물건이었다.

이제는 대놓고 비싼 집값

2007년 금융위기는 미국 경제가 망할지도 모른다는 위기감이 전 세계를 공포에 몰아넣던 시기였다. 이때도 집값은 많이 하락했었다. 그러나 역시 '집값이 또 싸졌네. 이번에는 놓치지 않을 거야!'라는 사람은 거의 없었다. 1997년도와 같은 식으로 당장 내일 전 세계가 망할지도 모르는데 집은 왜 사느냐는 것이었다. 금융위기 시절 집값을 바닥이라고 이야기하는 사람은 없었다.

특히 이 시기를 전후해서 '집값 폭락론'이 인기를 많이 얻었다. 우리나라는 인구가 줄어들 것이기 때문에 수요가 줄어 집이 남아돌 것이고, 집으로 돈을 버는 시대는 이제 끝났다는 주장이 핵심이었다. 많은 사람들이 공감한 주장이었다.

과거 경제 위기에 집값이 하락해도 비싸다고 느꼈는데, 이제 집값은 대놓고 비싸다. 웬만한 직장인이 1년 동안 한 푼도 쓰지 않고 모든 월급을 모은다고 해도 서울 강남구에 1평도 사지 못하는 세상이다. 매입은 둘째치고 전세를 얻기도 힘든 것이 현실이다.

흔히 아는 것처럼 집은 약간 이상한 특징이 있다. 가격이 오르면 수요가 줄어드는 것이 일반적인 상품의 모습인데, 집은 가격이 오르면 오를수록 수요가 더욱 증가한다. 가격이 더 오르기 전에 미리 사두자는 심리가 뒷받침되기 때문이다.

지금 집값이 비싼 것이 사실이다. 과거에 서울 지역의 경우 강남과 일부 부유한 지역만 집중적으로 비쌌는데, 이제는 납득이 되지 않는 서울을 비롯한 지방 구석구석의 아파트들도 너무 비싸다. 이렇게 한 번 오른 집값은 경제 위기가 오기 전까지는 크게 떨어지지 않는다.

효율적 시장 가설과 부동산 시장

'효율적 시장 가설', 즉 'EMH Efficient Market Hypothesis'라는 이론이 있다. 주로 주식시장에서 주식 가격의 결정 원리로 응용되는데, 간단히 요약하면, 한 회사의 주가는 시장 상황과 전망 등에 대한 모든 정보가 이미 다 반영된 결과라는 것이다. 다시 말해 어떤 회사의 주식 가격은 관련된 모든 정보가 실시간으로 반영되어 거래된다는 이론이다. 이 이론에서는 정보가 가격에 반영되는 정도에 따라 '약형', '준강형', '강형' 세 가지로 구분이 가능하다고 한다.

먼저 약형 효율적 시장에서 현재의 주가는 해당 회사의 과거 정보가 완전히 반영되어 있는 상태다. 과거의 데이터는 있지만, 현재와 미래에 대해서는 데이터가 아직 반영되어 있지 않은 상황을 뜻하기도 한다.

다음으로 준강형 효율적 시장이란 현재의 모든 정보가 신속하고 정확하게 현재의 주식 가격에 반영되는 상황을 가리킨다. 과거의 주가와 거래량 변동에 대한 정보에 더해 신제품 개발 현황 등 현재까지의 모든 정보가 포함된다. 앞서 언급한 약형 효율적 시장보다 정보가 더 많이 주가에 반영되지만 아직은 완전하다고 말하기는 어렵다. 기업의 비밀 정보까지 포함되지는 않기 때문이다.

마지막으로 강형 효율적 시장은 현재 주가가 과거와 현재의 모든 정보뿐만 아니라 미래에 발표될 기업의 내부 정보까지 가격에 반영된 상태다.

효율적 시장 가설에 따르면 투자자는 주식시장에서 큰돈을 벌 수 없다. 왜냐하면 특정 회사의 오늘 주식 가격은 이미 과거, 현재는 물론이고 미래까지의 데이터가 모두 반영되어 있어 가격 상승 또는 하락의 여지가 없기 때문이다. 불법적인 내부자 거래나 억세게 운이 좋은 경우를 제외하면 돈을 벌기 힘들다는 말이다.

그렇지만 주식은 가격이 변하고 거래가 이루어진다. 그 이유는 개인에 따라 데이터를 분석할 때 '주관'이 개입되기 때문이다. 동일한 사안을 놓고 어떤 투자자는 상승의 신호로, 또 어떤 투자자는 하락의 신호로 받아들인다. 코로나19에 대해 미국이 비상시국을 선포한 날, 미국의 나스닥 지수는 7% 넘게 폭락했지만 곧바로 9% 상승의 회복세를 보이기도 했다. 어떤 투자자는 코로나19를 하락의 신호로, 또 어떤 투자자는 이 하락세를 반등의 신호로 읽은 것이다.

윤석열이란 변수를 알아야 이기는 투자를 할 수 있다

주가 결정에 활용하는 효율적 시장 가설은 부동산에도 응용할 수 있다. 아파트의 가격은 교통, 학군 등의 데이터에 더해 개발계획 등 미래의 호재까지 다 반영해서 형성되기 때문이다. 특히 개발계획의 경우 과거와 달리 최근에는 언론과 인터넷을 통해 각 지방 자치 단체의 개발계획을 실시간으로 확인할 수 있어 부동산 시장의 효율성이 점점 높아지고 있는 상황이다. 다시 말해 과거의 부동산 가격은 약형 효율적 시장으로 과거 데이터 위주였다면 최근에는 강형 효율적 시장의 모습을 보이고 있다는 뜻이다.

주식처럼 부동산 역시 투자자의 주관으로 거래가 이루어진다. 정부가 부동산 대책을 발표할 때마다 투자자들은 부동산 가격이 상승할지 하락할지 각자 다르게 판단하는 것이다.

효율적 시장 가설에서는 모두가 같은 정보를 얻게 된다면 주식도 부동산도 초과이익을 얻는 경우는 없어야 한다. 그러나 같은 정보를 '어떻게' 해석하느냐는 투자자마다 다를 수밖에 없기 때문에 누구는 이익을 얻고 또 누구는 손실을 본다. 부디 이익을 보는 쪽에 서게 되기를 바란다.

윤석열 대통령이라는 새로운 정보에 대해 어떻게 판단할 것인지는 각자의 판단에 따라 다를 수 있다. 부디 이 책을 읽으시는 독자분들은 손해 보지 않고 돈 되는 판단을 하시길 바란다.

사야 할지 팔아야 할지, 집 걱정을 덜어주는
윤석열 시대 부동산 투자 사용설명서

초판 1쇄 인쇄 2022년 07월 25일
초판 1쇄 발행 2022년 08월 01일

지은이 우용표
펴낸이 양필성

기획편집 양필성
디자인 김윤남, 김숙희

펴낸곳 모노북스
출판등록 2022년 5월 18일 제2022-000132호
이메일 monobooks.one@gmail.com

ISBN 979-11-979308-1-2 (03320)

모노북스에서는 여러분의 책에 관한 아이디어와 원고를 기다리고 있습니다. 책 출간을 원하시는 분은
monobooks.one@gmail.com으로 간단한 개요와 취지, 연락처 등을 보내주십시오.